书山有路勤为径，优质资源伴你行
注册世纪波学院会员，享精品图书增值服务

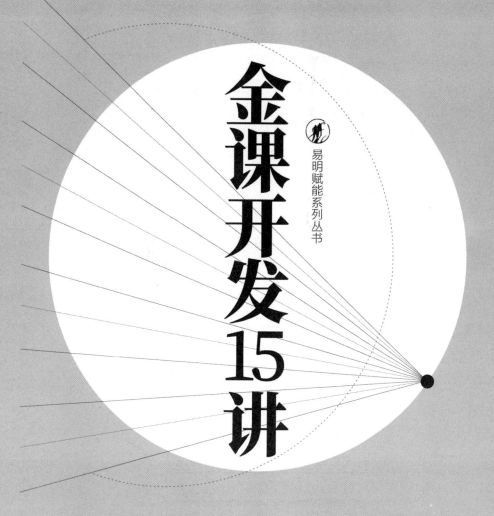

# 金课开发15讲

易明赋能系列丛书

田俊国 · 著

电子工业出版社·
Publishing House of Electronics Industry
北京·BEIJING

图书在版编目（CIP）数据

金课开发 15 讲 / 田俊国著. —北京：电子工业出版社，2022.9
ISBN 978-7-121-44098-4

Ⅰ．①金… Ⅱ．①田… Ⅲ．①金融学—课程设计—教学研究 Ⅳ．① F830

中国版本图书馆 CIP 数据核字（2022）第 143412 号

责任编辑：杨洪军
印　　刷：三河市双峰印刷装订有限公司
装　　订：三河市双峰印刷装订有限公司
出版发行：电子工业出版社
　　　　　北京市海淀区万寿路173信箱　　邮编100036
开　　本：720×1000　1/16　印张：14.25　字数：206千字
版　　次：2022年9月第1版
印　　次：2022年9月第1次印刷
定　　价：59.00元

凡所购买电子工业出版社图书有缺损问题，请向购买书店调换。若书店售缺，请与本社
发行部联系，联系及邮购电话：（010）88254888，88258888。

质量投诉请发邮件至zlts@phei.com.cn，盗版侵权举报请发邮件至dbqq@phei.com.cn。

本书咨询联系方式：（010）88254199，sjb@phei.com.cn。

　　我见过太多饱经沧桑又饱读诗书的专家，满腔热情地想把自己半生戎马得来的宝贵经验毫无保留地传承给后学，满以为能够帮学生少走很多弯路，不料换来的是学生的不理解甚至白眼。这就引出一个话题：如何把经验和知识开发成课程继而有效地传授给别人？其实，这需要非常专业的教学设计能力。仅凭满腔的热情和朴素的感觉传授知识，很容易遭遇"热脸贴冷屁股"的尴尬局面。

　　本书的使命是帮助老师用专业的教学设计把知识经验开发成课程，并用有效的教学方式传授给学生。传统的课程开发几乎是内容的堆砌，老师备课的主要任务是准备自己要讲的内容。实际上，比内容更重要的是设计学生的学习参与以及吸收转化过程。课程究竟要实现什么样的教学目标？不同类型的内容该用什么样的教学策略？如何用有效的过程框架（如五星教学）展开教学过程？用什么样的教学形式才会让学生有更深刻的学习体验？用什么样的结构来统合各种素材？这些课程开发中必须解决的问题正是本书的核心内容，即我提出的课程开发五要素：目标、内容、过程、形式、结构。事实上，本书脱胎于我主讲的线下课程"金课开发"，用15讲内容系统地讲授了建构主义课程开发的关键主张

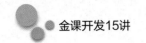

和核心技能。

　　首先，所有课程都是针对特定对象的。学习的目的是改变，教学设计的目的是让预期的改变能够在学生身上发生，因此教学目标的厘清和表述就显得至关重要。遗憾的是，很多课程目标都以"了解""理解""掌握"这种模糊的、不好衡量的词汇一笔带过。课程目标显然是牵一发而动全身的，只要把课程目标表述为好衡量的表现型目标，课程内容的取舍、形式的选择、过程的张弛乃至结构的组织都要随之改变。本书前两讲着重介绍课程开发的五要素和表现性目标，尽管篇幅不大，却极为重要。

　　其次，课程的内容和过程关系非常紧密。不同的内容要有不同的教学策略，而教学策略必须依靠张弛有度的过程实现。把教学内容划分为知识、技能、态度三种基本类型对教学而言有划时代意义，因为大脑加工处理三种不同类型的内容机制完全不同，教学策略当然也应不同。知识教学分为"为领会而教"和"为应用而教"两大策略。技能教学分为"套路迭代"和"刻意练习"两个步骤；态度教学分为"认知升级"和"情感附着"两个环节；把不同内容的教学策略装到相同的五星教学过程中就有了内容与过程结合的教学案例。本书对知识、技能、态度的五星教学都做了充分的实战课案解剖，读者完全可以照葫芦画瓢地改造自己的课程。本书从第3讲到第9讲详细剖析了知识、技能、态度的教学策略及用五星教学法教学的过程。

　　再次，知识走脑，形式走心。学生很容易忘记课堂上所学的知识，却很难忘记好的课堂带给他的心理感受。老师是如何做到给学生传授知识的同时滋养学生心灵的呢？这就要从形式创新上下功夫。老师不应该只是给学生传授知识的教书匠，更应该是塑造学生人格的教育工作者。

对教育工作者来讲，巨大的创新空间在于教学形式的创新，而教学形式创新的关键在于如何让学生在学习概念中获得生动的体验，因为有感觉、有温度的知识才会被付诸实践。本书从第10讲到第12讲全面讲述了作用在学生心灵上的教学形式，充分论述了在教学中塑造学生人格的策略和方法。不仅透过形式新颖的实战课案萃取出好的教学形式的五要素，而且剖析了创新的教学形式：三浪教学，并特别论述了与表现性目标相呼应的成长性目标。优秀的老师总会在授课过程中抓住机会拓宽学生的视野，提升学生的格局，提高学生的自我价值感，滋养学生的浩然正气，帮助学生建立良好的方法习惯。表现性目标和教学内容息息相关，旨在考察学生学习后的外在行为反应；而成长性目标和学生的人格与心灵关系紧密，重在塑造学生的内在精神结构。

最后，好课程一定要有严谨的结构。大脑加工信息的方式和能力决定了结构化的价值，被结构化的知识才容易在个体间传播。把诸多内容整合成有序的结构对老师的建模能力提出了挑战，本书的第13讲和第14讲通过对以结构见长的课案进行剖析，归纳总结出五大结构基模：组成基模、分类基模、层级基模、时序基模和因果基模，进而讲述了建模的基本策略。

本书最后一讲分享了用生物进化的策略敏捷开发并持续迭代课程。课程是有生命的，老师和学生也都是动态成长的，好课堂让学生收获了知识和技能的同时，让老师提高了授课技能且深化了对所授知识的理解，进而为课程汲取新鲜素材，演化新的版本。作为老师，永远不能满足现状，要把学生的吸收转化率作为始终追求的目标，持续用更好的素材、更好的形式、更好的结构、更好的内容来升级原有的课程。事实上，本书正是我多年在教学实践中发展出来的对课程开发的最新领悟和应用，较2014年我的《精品课程是怎样炼成的》一书已经有90%的迭代升

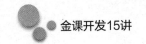

级，足见我这些年的进步。还是那句老话：你的点滴收获都是自己折腾的结果。不怕起点低，就怕迭代慢，只要保持着学习的态度授课，总能从课堂上汲取更多的素材并迭代升级课程，使课程更符合认知规律、匹配学生状态、便于学生吸收转化。

末了，我特别想感谢在教学路上结伴而行的同学们，恰是在线下课及线上营中大量的互动才促成了我对课程开发理论的深度应用和创新发展。本书大量的理念虽是我首倡的，但缘起多来自在课堂上同学们的提问。教育学是一门实践性极强的学科，实践不仅是检验真理的唯一标准，更是发展真理的重要途径。期待更多的教育同人在实践中验证和发展本书的主张，用实际行动让教学更加科学有效。

# 目 录

握程度分为若干台阶，如记忆、理解、运用、分析、评价、创造等，从而使教学有了立体框架。

## 第4讲　知识的领会和应用　036

知识是前人在经验基础上抽象出来的原则性、方向性和指导性的概念、原则和框架，是思维的产物。所以，知识并不能直接解决问题，解决问题需要将抽象的知识与具体的情境进行结合，要有适应性的改造、创造性的发挥和权变式的应用。

## 第5讲　知识教学实战课案与解析　052

理解了知识教学的两大策略：领悟和应用，知识教学被自然而言地分为两大过程：为领会而教和为应用而教。

## 第6讲　技能的迭代和练习　066

技能的特性决定了教学必须以学生为中心，老师绝对不能把技能当成知识教。教学中最大的误区就是把技能和态度知识化，如果将技能和态度简单地当成知识教，表现性目标所期待的学生改变就不可能发生。

## 第7讲　技能教学实战课案与解析　　081

技能是能付诸行动的知识，老师先要帮助学生通过自己的认知脑和行为脑相互反馈，磨合出高质量的个人版本的套路，再指导学生通过大量的刻意练习把套路强化成自动化应。

## 第8讲　态度的形成、强化与改变　　098

所有的教学后台都是态度教学，前台都是知识教学。态度教学的本质是情感教育，是教学中最难却最重要的。

## 第9讲　态度教学实战课案与解析　　114

与技能教学一样，态度教学也有一个把神经元关联深化到身体自动化反应的熏陶过程。态度教学同样面临一个任务，那就是如何把态度教学装进五星或三浪教学框架中，在对话中实现教学目标。

## 第10讲　表现形式与学习体验　　128

好课程不仅要有好内容，更要有好形式。大多数时候课程内容常常被教学大纲所规定，老师不可以任意发挥。但在课程形式上老师却有极大的

## 第11讲　教学形式创新的关键策略　　　　145

如果把课程的形式创新当成一个病构问题来解决，好形式的五大要素就是成果框架。做任何事情先定义什么是理想的结果，即成果框架。很多时候没思路、没办法的原因是不知道自己要什么。

## 第12讲　滋养心灵的成长性目标　　　　156

表现性目标会让师生把精力过分倾注在看得见的外在表现上，把教学搞得很功利，而忽视了更重要、更本质的冰山下部分的对学生心灵的滋养。为了弥补这一缺陷，我提出了成长性目标。

## 第13讲　梳理结构的五大基模　　　　169

好的课程必须用好的结构把不同的内容组织起来。课程如果缺乏令人信服的内在逻辑结构，给学生的印象就是知识点堆砌起来的拼盘。如果把内容比作美食，结构就是盛美食的盘子；如果把内容比作珠子，结构就是把这些珠子串成项链的链子。

# 金课开发的底层逻辑

## 第1讲

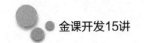

金课开发的第1讲就聚焦在课程开发的底层逻辑上，目的是让大家用一个简明扼要、高屋建瓴的框架来理解课程开发的基本原理和总体策略。每个人都基于自己的认知行事，有什么样的认知就有什么样的行为。建立对课程开发的科学认知，对指导课程开发实践尤为重要。

## 好课程是以问题为导向的

大家先来看一个关于课程开发的故事。

有位财税方面的专家，曾经担任多家上市企业的CFO，在资本运营和财税方面绝对权威。这位专家曾经助力多家企业成功上市，也用他的知识助力多家企业节税上千万，在业界知名度非常高。卸任名企CFO一职后，他成立了自己的咨询公司，特别想用自己的满腹经纶和丰富经历帮助中小企业家更好地治理企业、运作资本以及合理避税。他把自认为很重要的知识和经验开发成课程，用自己的知名度和号召力招来不少学生，用传统的教学方式开办了学习班。让他感到意外的是，尽管他在课堂上讲得慷慨激昂、热血沸腾，但那些中小企业家和CFO学员似乎并不感冒，反馈说没有太大的收获。

他带着困惑找到了我。我说："你先把我当成学生，大概讲讲你的课。"他打开PPT展示给我看，前十几页的PPT都是财税的基本概念和原则，他试图让学生从税务以及资本运营的角度思考企业的经营。他认为，这些基础的东西非常重要，学生的脑海里不建立基本概念的话，后面的上课就是鸡同鸭讲，根本没办法进行。他还说："我是一路摸索走过来的人，明白了基本概念和原则之后，我就通过实操案例给学生讲我是如何运用这些财税概念和原则与税务机关谈判、与资本方沟通的。我很清楚我这套东西的价值，这些中小企业家学会之后都会有很大的收益。"

听完他的解释我反馈道："听了你的介绍，我大概就明白你的课程不能吸引这些学生的原因了。"他急问我为什么，我说："你的课程是以你认为重要的知识为线索的，你认为这些概念和原则很基础、很重要，一上来就一腔热血地讲给学生，他们却没有感觉，为什么？因为他们对你的概念和原则并不感兴趣。你的学生来到课堂上，满脑子想的都是他们的企业在经营中遇到的真实问题，如果你讲的东西不能直接帮助他们解决现实问题，他们就没兴趣听了。没有人愿意放下与他们切身利益相关的现实问题，静下心来听你讲枯燥的财税概念和原则。"

教学就是这样有趣，越是满腹经纶、饱经沧桑的老师，越容易陷入自以为是、满腔热情的说教陷阱中。有老师抱怨："我恨不得把心掏出来给他们看，他们怎么还不好好听呢？"我说："你高高在上的指导姿态，很像他们父母训话的样子，新生代最逆反的就是驯化。课都来不及讲，学生就先习惯性地把心门关上了。"

老师的舞台就在学生的心里，教学设计中比设计内容更重要的是设计学生的参与。从老师的视角看，课程无非是知识的堆砌；但从学生的视角看，他们参加学习是期待自己有所改变的，是渴望能够解决现实问题的。我曾提出：**"不以学生改变为目的的教学都是耍流氓。学习不是娱乐消遣，而是智力投资，投资的目的是学以致用，解决现实问题。"**尤其像企业家、CFO这样的学生，他们一定是带着现实问题来学习的。如果老师罔顾他们要解决现实问题的诉求，一味地介绍自认为重要的概念和原则，他们是没有耐心听的。所以我说："给企业家、CFO这样的学生讲课，三句话谈不到如何帮他们挣钱或者如何帮他们节约成本的话题，他们一准儿就开小差了。"

其实，工学矛盾是人为制造的，其本质是授课老师没有勇气和能力

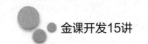

把自己的知识放在一边，与学生一起直面现实问题。老师在课堂上讲抽象的知识，而学生在下面用实用主义标准来评判："这玩意儿能帮我多挣钱吗？能解决我的现实问题吗？"如果他们找不到所授知识与其现实问题之间的关联，他们就把心门关上了。老师则天真地以为只要把知识讲透了，学生自然就学会知识的变通与应用。事实上，知识的变通与应用才是学习中最难的问题，而老师想当然地把这个问题忽略过去了。

倘若老师有勇气和能力以学生关心的实际问题为线索，在帮助学生解决现实问题的过程中，根据解决问题的需要讲授相关的知识，情境就完全不一样了。我经常说，知识要在不得不讲的时候再讲，因为知识都是解决实际问题的。课程应该由现实问题带出知识，而不是先抛出一堆知识，再想办法让学生应用知识解决问题。

所以，我给上述提到的那位财税专家的建议是："有满腹经纶和丰富经历做保障，学生提出的任何现实问题你都有解决方案，那何必要先跟他们讲概念和原则呢？先收集他们想解决的现实问题，用你的概念和原则帮助他们分析和解决这些问题，当他们听不懂这些概念和原则时，你再讲给他们，他们肯定会认真听。只要你的雪足够厚，坡足够长，就不怕学生们划得太远。"

越是饱经沧桑、饱读诗书，越需要用专业的方式把知识和经验整合成课程，在实战中开发出既与学生的现实问题紧密结合，又恰当好处地发挥知识和经验价值的好课程。

## 好课程是以学生为中心的

很多课程还没开始就注定失败是因为一开始就忽视了其服务对象：

学生。脱离学生，别无课程。只要称为课堂，背后就有个隐藏的假设：有特定对象。给小学二年级学生讲微积分，无论老师讲得多么卖力都是徒劳的，因为这些内容远超他们的接受能力；给高中生讲四则运算，无论老师讲得多么精彩也没人爱听，因为这些知识他们早都熟烂了。

建构主义认为，学生是用已有的知识经验消化新的知识的。所以，在教学生新知识之前，必须了解学生现有的水平。前苏联教育学家利维·维果茨基提出最近发展区域（Zone of Proximal Development，ZPD）的概念。从学生能力发展的角度看，一是学生有一个当前水平，即不需要外人指导就能够独立完成任务的能力水平；二是学生有一个可以达到的发展水平，即暂时不能独立完成，在他人指导帮助下，通过学习模仿能够完成任务的能力水平。这两种水平之间的区域，就是最近发展区域。只有教学内容在学生的最近发展区域内，学生才容易理解和接受。

假如学生已经掌握的知识集合是里面的圆（学生已知区域），圆周外是其没有掌握的知识（学生未知区域）（见图1.1），已经掌握的知识越多圆越大，圆越大对外面未知知识的触节点就越多，学生则更容易感受到自己有很多还没有掌握的知识，这就是"学然后知不足"的道理。

学生要学习的新知最好在其已经掌握的知识集合的紧外围，这样才便于建立新知和旧知的联系，把新知整合到自己的已知区域中。如果新知离学生旧知太远，那么无论新知多有价值，学生接受起来都有困难。当学习的困难大于知识的价值时，学生干脆放弃不学了。假如有人现在要传授我天体物理学的知识，我肯定不感兴趣，因为它离我的生活太远，而我根本不具备掌握这些知识的基础。

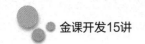 

因此，适合学生的课程才是好课程。不考虑学生现状、闭门造车的课程，肯定不会是好课程。

但是，对于同一堂课，老师想让所有人满意的想法是不现实的。因为一对多的课程通常按照学生们的平均ZPD水平设计，而具体上课时每个学生的ZPD水平有所不同，接受能力也会有差异。假如学生们的ZPD水平参差不齐，这对于课程开发和课程教学都是挑战，不是有人觉得太小儿科而不屑参与，就是有人觉得太高深而参与不进去。这样一来，老师很容易顾此失彼，很难做到让大家都满意。而课程开发会以典型的学生ZPD水平作为样本，以平均ZPD水平作为起点。在个体ZPD水平差异较大的课堂上，老师可以通过安排小组讨论，让学生们交换相关旧知，以合作学习的形式，彼此协助补齐各自的ZPD水平。

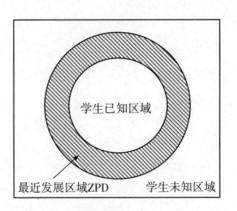

图1.1　学生知识区域示意图

# 课程开发是典型的病构问题解决

学习的目的是让学生改变。改变，说白了就是状态迁移，有从起点到终点的过程和路径，是一个典型的病构问题解决过程。现有状态和理想状态之间的差距构成了问题。所谓病构问题，就是问题的现有状态

（起点）、理想状态（终点）都比较模糊，解决过程存在多种选择：没有标准答案和确定路径的问题。与之对应的良构问题，就是有标准答案和确定路径的问题。

**说课程开发是典型的病构问题解决，是因为课程要解决的是如何让学生发生改变的问题。**首先，我们需要厘清通过课程的学习想让学生从什么样的现有状态变成什么样的理想状态。然后，我们再确定教授什么样的内容、使用什么样的形式、经过什么样的过程逐步实现改变的策略和措施。

我提出解决病构问题要做到四个"定"：定义起点、定义终点、定义边界、定义过程。下面我把病构问题的一般通式和课程开发结合一下。

**第一，定义起点。**课程的开发者必须了解教学对象：学生。学生现在具备什么知识和经验基础，要根据学生目前的知识、经验、能力，匹配合适的内容和讲法。如果想让学生参与到学习中，那么学生必须有能够参与的基础。

**第二，定义终点。**课程的开发者必须清楚课程要让学生发生哪些实实在在的改变，是知识有增量、态度有转变，还是技能有提升。课程也一定要紧密围绕期望学生能发生的改变展开，而不是老师由着性子地讲知识、讲经验。越是知识、经验丰富的人越不容易把课上好，因为丰富的知识和经验特别容易让老师以自我为中心，而忘记了学生需要发生实实在在的改变。

**第三，定义边界。**最明显的课程边界就是时间限制。课程在多长时间完成，有的是半天、有的是两天、有的是三天……不管是多长时间，客观上讲，时间就是课程的边界。此外的限制也很多，如环境、预算、意识形态等。从积极的角度讲，没有限制的都是可以发挥的空间，所以

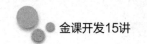

边界还可以理解为可以选择和发挥的空间。

**第四，定义过程。**过程指的是起点逼近终点需要经过的步骤。传统的教学不需要步骤，或者说只有一个步骤，那就是老师讲，讲完下课。这种做法背后的假设是，学生是愿意听讲的，且课堂的唯一功能是传授知识。教学就是把知识装到学生的脑袋里，学生从这些知识中获取滋养再转化为能力。虽然，这些假设都不成立。建构主义认为，学习是学生主动参与的过程，老师的作用是引发和陪伴学生思考。课程设计的主要工作不是设计课程的内容和讲法，而是设计学生的吸收和转化，重在设计如何使学生在老师与同学的支持下，吸收课程的内容，最终结合自己体验的生活和已有的知识形成个人版本的理解。

## 好课程的五大要素

课程开发最大的挑战，也是全过程始终要考虑的问题：如何让学习发生。课程这个病构问题的结果框架就是学生内在思维模式或者外在反应模式发生变化。一切教学活动要围绕这个变化进行。早在2012年我写《精品课程是怎样炼成的》一书时，就提出来课程开发的五大要素——目标、内容、过程、形式、结构。

### ■ 目标

课程开发必须以终为始，目标要紧密围绕期待学生能发生的改变而设定。目标不清晰的课程，很容易成为知识点的堆砌和宣贯，课堂往往是老师由着性子地讲、学生爱搭不理地听。而上课是有目的的社会活动，凡是没有效果的活动，须回归其第一要素，即课程的目标是让学生发生什么样的改变。

当老师在课堂上讲得火热，学生看上去却没什么感觉时，老师就得反思课程目标是否清晰。如果课程目标清晰，却不知道该怎么教，老师可以根据目标来筛选授课的内容和形式。我认为，知道"要什么"和"为什么"的人一定能解决"怎么办"的问题。"反过来，当老师不知道该怎么教时，就要反复问"要什么"，根据"要什么"设计课程内容和教学活动，反复问"为什么"，即这么做要达到的目的，试图厘清教学活动与教学目标的关系。

### ■ 内容

目标这个大前提定了，内容的取舍就有了依据。什么该讲什么不该讲、什么详讲什么略讲都以目标为准绳。然而，这么显而易见的道理并不是所有的老师都懂得的，他们更难做得到。有时候，老师越眉飞色舞，学生越反应平常。老师眉飞色舞是因为很多事情自己亲历过，很有感觉所以带着感情，老师说："这是我花了一个亿换来的教训！"学生却说："与我何干？"对学生而言，重要的是能解决自己的问题。有人说："有一种冷叫作你妈妈觉得你冷。"可以套用一下："有一种知识叫作你老师觉得它很重要。"

### ■ 过程

课程毕竟是以时间为序展开的，所以老师一定要清楚通过什么样的教学过程促成学生逐步发生改变。老师的讲授不是为了填补课堂的时间，而是在单位时间内促成学生实实在在的改变。这个要求其实是很高的，否则，时间过去了，学生该发生的改变却没有发生，这就是教学目标没有达成。因此，设计教学的过程不是光设计老师讲什么，更重要和更具挑战性的是设计学生在学习过程中大脑思维的转化过程，重要的不

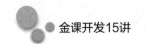

是老师讲了什么，而是老师所讲引发了学生大脑内的何种反应。老师要认真地思考如何调动学生参与，如何激活学生思维，如何使学生能够相互启发，把所学知识和以往体验的生活紧密关联。总之，要让学生全过程处于创造性脑力劳动的状态。

老师须知，学生的点滴收获都是自己脑力劳动的结果，学生的大脑被充分激活，学习才可能发生。如果老师有清晰的教学目标，想让学生的大脑被充分激活，并感受到学生的改变，那么在课堂上老师的压力还是很大的。老师不会轻易放过每一分钟，时刻都以学生的有效吸收和转化为最高目标。学生的最终改变不是突变，而是渐变，要让整个课程有效果，每一分钟都不能虚度。因此，过程也是结果的一部分。

## ■ 形式

内容和形式是一个硬币的两面，如果内容是课程的正面，形式就是课程的反面。在课堂上，学生不仅用脑听老师说什么，还要用心感受老师怎么说。若干年后，学生可能会忘掉课堂上老师讲的内容，却很难忘怀课堂带给他的感受。内容是"走脑的"，感受是"走心的"，这些是靠设计课程的形式实现的。

对真正的教育工作者来讲，除了传授学生内容，更要让学生在学到内容的同时获得很好的体验。教学是一个让学生在课程中获得生动体验的过程，而这种生动的体验是要用心设计的。好的内容配上好的形式，才能保证学生大脑被最大限度地激活，而大脑被激活的程度越高，学生形成的印象越深刻。从脑科学看，有效学习的本质无非是学习者大脑内部建立有意义、有价值的神经元突触关联。

内容与形式同频、信息与能量共振才有利于学生的大脑内部建立高质量的神经元关联。从这个意义上讲，形式的设计甚至比内容还重要。

对老师而言，教学的创新空间恰在于形式的创新，甚至可以说形式是课程内容的一部分。

## ■ 结构

如果把课程比作老师给学生炒的一盘菜，那么内容是这盘菜的原材料；目标是让学生吃饱且吃出感觉，感受到风格；过程是老师炒菜的工艺流程；形式是让这盘菜色香味俱全。但最终还得选择一个好盘子把菜盛起来，那么结构就是把课程内容盛起来的盘子，即对内容的有效组织。一个好的结构既方便老师传授，又方便学生理解，如果把内容比作一个一个的珠子，结构就是把这些珠子串成项链的绳子。

以上就是课程开发的五大要素。总之，好课程应该是以终为始的，应该始终围绕学生要发生的改变展开。要让学生发生改变，就不能以老师为中心、以内容为中心，丝毫不顾学生的感受与参与、学生内在思维的变化过程而滔滔不绝地讲内容。好课程必须以学生为中心，紧密围绕学生要发生的改变展开。课程开发是典型的病构问题解决，其中课程设计无非就是问题方案的探讨过程。过程中要整合好目标、内容、过程、形式、结构五大要素。老师可以结合自己的课程，问自己几个问题：

（1）目标：课程的目标是否清晰，是否可以在课堂上实现？

（2）内容：课程的内容是否合理，是否足够支撑学生想要发生的改变？

（3）过程：课程的过程是否紧凑，是否能够充分激活学生大脑，使其全过程处于创造性脑力劳动的状态？

（4）形式：课程的形式是否与内容匹配且新颖，是否给学生留下深刻的印象？

（5）结构：课程的结构是否自洽、合理、独特？

以终为始的表现
性目标

第2讲

在教学设计的课堂上，我经常问学生一个问题："如果一门课程有100页PPT，其中1页的分量比其他99页分量的总和还要重，最可能是哪一页？"答案是描述课程目标的那一页。为什么课程目标如此重要？其实，做任何事情都是目标最重要。课程目标指引课程的方向，目标不清晰的课程，其价值也很难衡量，这是再自然不过的事情。课程没有目标就没有方向，什么内容该取，什么内容该删根本没有标准，教学过程也会变成"面多了加水，水多了加面"的和面。

## 没有表现性目标的课程不值得上

我当企业大学校长的时候，我的邮箱里几乎每天都能收到各种各样的课程邀请函。我打开这些邀请函，几乎用1分钟就能判断课程是否值得参加。我怎么判断呢？最简单的方法就是直接打开课程大纲，看课程目标是怎么表述的。99%的课程目标都是这样描述的：学生能够了解什么、理解什么、掌握什么。

如果一个课程目标是用了解、理解、掌握这样的词汇表述，我认为该课程基本上不值得参加。什么叫了解、理解、掌握？这样的表述根本没办法验证啊！这样的课程目标设置，实际上暗含着一个假设：老师讲到了，就认为学生应该了解了；老师论证了，就认为学生应该理解了；老师演示或者带领大家练习了，就认为学生应该掌握了。而事实的情况绝非如此。

这种传统表述教学目标的课程，使老师在授课中没有任何压力，完全可以自由发挥。老师会认为，反正我讲了你就应该了解，我论证了你就应该理解，我演示了你就应该掌握，至于你没有了解、没有理解、没有掌握，这不是我的问题，是你的问题。这样的教学目标表述使得授课

效果无法验证，教学效果评估因此成为世界级难题。以老师为中心、以内容为中心的课程，学生根本没有机会在课堂上表现，没有机会深度学习，怎么可能评估出真实的教学效果？

所以，课程开发的第一步就是把用传统语言描述的教学目标改造成表现性目标。

什么是表现性目标？这要从学习的本质说起。学习是透过教授或者体验而获得知识、技术、态度或者价值的过程，从而导致可量度的稳定的行为变化。更准确点说是建立新的精神结构或者审视过去的精神结构。可量度的稳定的行为变化才是学习的结果。观察学生的具体行为表现是最直接的学习效果评估方法，这就叫作表现性目标。

## 把传统目标翻译成表现性目标

表现性目标要求课程目标应该表述成学生学习后应该有什么样的行为表现。比如，学生态度有什么变化？他们能够实际完成什么任务、解决什么问题、陈述什么知识？从病构问题解决的角度看，表现性目标实际上是对理想状态，即教学结果框架的描述。结果框架聚焦在学生的具体行为表现上，教学就有了极强的针对性，最后的效果评估也有了依据。

1956年本杰明·布鲁姆在教学目标分类体系对不同教学内容的教学评估中就是按学生行为表现来分类的，布鲁姆还把学生的认知过程划分为6个维度（见图2.1）。我们一定要知道学生怎么样才能通过自己的言行将这些行为表现出来。

| 布鲁姆（Denjamin Bloom）的认知过程维度 | | | | | |
|---|---|---|---|---|---|
| 1 记忆 | 2 理解 | 3 运用 | 4 分析 | 5 评价 | 6 创造 |
| 1-1记忆<br>1-2回忆 | 2-1说明<br>2-2举例<br>2-3分类<br>2-4概要<br>2-5推论<br>2-6比较<br>2-7说明 | 3-1执行<br>3-2实施 | 4-1区分<br>4-2组织<br>4-3归属 | 5-1核查<br>5-2评判 | 6-1生成<br>6-2计划<br>6-3产生 |

图2.1　学生认知过程6个维度示意图

豪恩斯坦甚至把表现性目标和传统目标表述做了翻译对照，图2.2是一个简单有效的翻译工具。

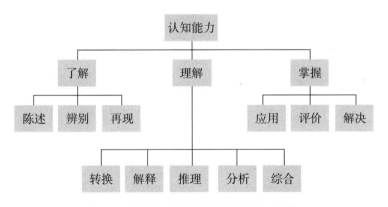

图2.2　表现性目标和传统目标翻译对照图

把传统目标翻译成表现性目标，就得把具体的行为描述出来。如果是了解性的目标，你一定要翻译成陈述、辨别、再现这些行为。如果是理解性的目标，那么何以见得学生对这一块内容理解了呢？理解的标志就是能够转换一种表述方式，能够解释、分析一个现象，能够利用原理推理出来新的结论，甚至能够综合运用这些内容。如果是掌握性的目

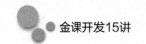

标，就是让学生能够应用学到的知识解决具体的问题，甚至能够评价别人的作业。请注意，"评价"在布鲁姆的教学目标分类体系中的层级是很高的，评价、解决问题都是知识掌握程度很高的标志。

从课程内容的角度举例说明。

假如你要讲时间管理四象限，大家都知道用紧急、重要两个维度交叉形成的四象限，分别是重要紧急、重要不紧急、不重要紧急、不重要不紧急。传统目标就是让学生理解时间管理四象限，在这个目标下，老师讲授就会很没谱儿，因为老师没有定义清楚怎么样才算理解，更不知道学生掌握得是否到位。如果你把这个传统目标翻译成表现性目标：学生能够运用时间管理四象限的原理对其上周的日程进行分析，把上周的主要事件分解到四象限中。这个目标使学生的认知达到第4维度：分析，表现的行为包括区分、归属等。如果课程目标被翻译成这样，学生在学习过程中就不得不做练习，也不得不做汇报，学生做了练习并当堂进行汇报，老师自然就能直观地了解学生的掌握程度，进而采取更积极的反馈和指导，让改变在课堂上发生。

假如你要讲情绪与压力管理，传统目标可能是这样的：让学生能够掌握情绪与压力管理的工具。诸如"掌握"这样传统的陈述性目标，就得被翻译成表现性目标：让学生能够运用情绪与压力管理课中习得的某个工具，觉察自己的负面情绪和压力来源，并分析其成因，制定具体的缓释压力、疏导情绪的计划。

从课程对象的角度举例说明。

比如，在一门对象是基层经理的招聘技巧课程中，有一个传统的课程目标：让学员掌握招聘面试的STAR提问法。如果将其翻译成表现性目标，可以表述为，用STAR提问法做一个招聘演练。这就意味着课堂必须安排演练，上课时，老师可以抽几组学生进行角色扮演。学生演练后，老师可以向全班同学提问："之前的演练是否采用了STAR提问法？是否采用了完整的STAR？其中S和T是什么？A和R又是什么？"以此让全班同学对照检查。

再如，在一门对象是销售客户经理的客户拜访培训课程中，传统的课程目标也许会被设置为，了解或者掌握客户拜访的流程和方法。如果将其翻译成表现性目标，可以表述为，用客户拜访的流程和方法当堂做角色演练。

目标的精准确定和表现性的表述会影响课堂上的教学活动，课堂的内容必有取舍，老师必须在表现性目标的实现上下功夫，如果老师灌输的比例太高，表现型目标就无从实现也无法考核了。学生必须进行客户拜访的角色演练，课堂评价也要围绕表现性目标当堂进行。

## 表现性目标的五大牵引作用

只要把课程目标精准确定并翻译成表现性目标，一切就不一样了。老师需要学生在课堂上有真实的表现，因此，讲授的过程是有压力的，学生学习的过程也是有压力的。如果把课程目标描述得很模糊，诸如了解、理解、掌握之类的目标太容易在上课时糊弄过去，老师就没有了效果评估的压力。目标的模糊描述很容易导致老师在上课时离题，喋喋不休地把时间填满就算上完课。事实上，这样的课堂演变成老师换个地方背书，并不关心学生能否听懂，甚至把学生当成木头桩子，独自讲完知识就"功德圆满"了。这样的课堂难免会陷入老师和学生彼此应付的尴尬局面。这其实不是真正的教学，真正的教学的重心是帮助学生转化，让学生发生实实在在的改变。

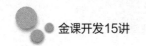 

## ■ 目标决定内容的取舍

目标决定内容的取舍几乎是尽人皆知的常识，但遗憾的是很多课程做不到这一点。有的课程内容纯粹是老师想讲，而未必是课程目标的需要，老师想讲的原因往往是觉得有意思，能活跃氛围。有的课程内容跟课程目标之间有夹角，一部分内容跟目标有关联，另一部分内容跟目标关联不大，让人有"食之无味，弃之可惜"的"鸡肋"感。

要想在教学中实现表现性目标，老师的课程内容就不得不根据表现性目标而有所调整，所有内容要围绕表现性目标重新设计，哪些详讲、哪些略讲，哪些不仅讲而且要练习，哪些可以干脆不讲，都得重新设计。

另外，课程开发有一个常见的问题：虽然一开始目标清晰，但是在收集了大量素材后，目标渐渐被琳琅满目的内容所淹没。**每一块内容似乎都是一颗美丽的珍珠，穿在一起却是一条非常蹩脚的项链。**所以，对于每一块内容的取舍，老师都要反问自己内容与目标的匹配度。

## ■ 目标决定教学过程的侧重

目标不仅对教学设计有牵引作用，对教学过程也有牵引作用，目标确立的重点、难点自然是教学过程中需要花最大力气的部分，也需要分配更多的时间。建构主义认为，教学过程即学生对所学知识的自我建构过程，**学生对知识的理解很大程度取决于其对所学知识投入的精力和时间。**知识是"折腾"来的，课程目标要掌握教学过程"折腾"的程度，教学过程如果重点突出、详略得当，学生就容易抓住要领，集中精力消化重点内容。

由于表现性目标牵引着教学过程，老师就不是一个劲儿地讲了，而是必须验证表现性目标是否能够实现，老师讲一讲就让学生练一练，练完再让学生当堂汇报，透过学生的汇报老师才能把握表现性目标的实现程度。以上说明，目标决定了课程教学过程必须是互动的，有讲有练、有汇报有点评。

## ■ 目标决定形式的选择

形式是服务于内容的，教学形式决定了学生是怎么参与、体验的，所以教学形式一定要和表现性目标以及教学内容相适应。老师不能因为某个游戏特别有趣就选择在课堂上玩该游戏，而要审视该游戏与表现性目标和教学内容的关系。**任何与目标、内容不匹配的形式都是多余的，不管多有趣都得删掉。**另外，课程的结构，即教学内容的组织方式也要围绕表现性目标的改变而改变。所以，表现性目标的改变是牵一发而动全身的。

任何好的课堂都是师生合作的结果，表现性目标促使课堂在合作中进行，这是对教学过程和教学形式的最大影响。我经常说："无对话，不学习。"人类大脑区别于动物大脑的高级机能是社会化对话的产物，个体间的外在对话促进内在对话，进而帮助学习者大脑内部建立积极的、有意义的神经元关联，这是学习的本质。而表现性目标正是让课堂的教学形式回归学习的本质。

## ■ 目标决定老师的作用

一旦课程目标设置为表现性目标，老师的角色就由讲授者变为导师，其主要职责不再是讲，而是想方设法通过互动和演练帮助学生把知识转化成能力。传统目标的课堂有80%的教学时间都是老师讲，而我认为，一堂课老师宣贯的时间超过教学时间一半，这堂课就是失败的，表现性目标的实现也随之堪忧。

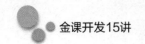

在课堂上，学生并不缺知识，学生想学的也不是知识本身，而是希望自己的能力得到提升。老师如果仅仅把自己的职责定义为传道，对教学的定位就太低了。在"传道授业解惑"中，我认为授业和解惑才是重点，因为授业让学生有所表现，当学生不会表现或者表现不理想时，就涉及解惑。显然，只会传道的老师是菜鸟，能手把手授业并针对性地解惑的老师才是高手。

### ■ 目标是教学效果评估依据

课程目标还有一个明显的作用就是指导课程效果的评估，课程目标不清晰，课后的考核就缺乏依据，效果评估就显得困难。大家都认同培训的效果评估是一个世界级的难题，培训界的同仁总是想方设法把培训的效果跟企业的绩效连接起来。我认为，这个问题的根源并不在评估的方法和手段上，而在课程目标的描述上，目标不清晰是效果没法衡量的根本原因。

倘若把不清晰的课程目标翻译成表现性目标，教学效果评估的难题也就迎刃而解了。因为学生在课堂上发生的实实在在的改变是老师看得到的，教学效果可以当堂检验，老师在教学中的成就感也能当堂收获。如果学生表现得不如人意，老师也可以当堂给予反馈和纠正。倘若老师一味滔滔不绝地讲，学生爱答不理地听，就算最后考试得了100分，也未必是老师教的功劳，更可能是百度的功劳。

## 表现性目标对教学实践的指导

在我的"金课开发"线下课上，表现性目标是授课的第一单元，这个单元的表现性目标为，学生能够运用所学表现性目标的知识，把传统的教学目标转化为表现性目标。这样的教学目标转化，意味着教学过程中学生必须做练习，将课程中的传统教学目标翻译成表现性目标，每个小组派代表发言，我作为老师就可以点评多份不同小组的作业，通过对不同作业的点评，让学生在比较和鉴别中进一步体悟表现性目标的内涵。

表现性目标这个单元的教学时间一般是90分钟，老师讲解表现性目标这一概念的时间最多40分钟，剩下20分钟左右的时间是让学生做翻译练习的。既然教给学生的是表现性目标的概念，就不能再说教，而是让学生在课堂上感受到表现性目标对课堂教学的牵引作用，表现性目标的优势和威力。学生只有当堂练习把传统教学目标翻译成表现性目标，并通过彼此汇报的互评和老师的点评，才能最终完成脑海中对表现性目标这个概念的建构，老师才能确信他们初步具备了把传统教学目标翻译成表现性目标的能力。在一次讲述表现性目标的线下课上，我让学生用自己的语言陈述对表现性目标的看法。

有名学生举手发言："我理解的表现性目标能够做到三合一，即让教学活动设计、教学过程和教学效果评估三个环节成为一个整体。"这位学生的发言反映了他对"表现性目标"这一概念的个人版本的理解。透过他的发言，我相信他理解了表现性目标的思想精髓，也感受到他对表现性目标价值的认可。

对照布鲁姆的教学目标分类体系，不难发现传统的教学目标更多地聚焦在学生对知识本身的记忆和理解上，表现性目标则更多地聚焦在学生对知识的应用、分析、评价和整合上，显然表现性目标让学习更深化。传统的教学目标是以知识为中心的目标，而表现性目标是以学生为中心的目标；传统的教学目标注重讲知识，而表现性目标注重学生学完能够具备什么样的能力。

表现性目标在实践中的用途实在是太大了。我经常给企业大学负

021

责采购课程的老师提建议。我说，你们以后在采购课程的时候，如果授课老师的目标是了解什么、理解什么、掌握什么这种传统的教学目标，你们就给他提一个要求：把目标翻译成表现性目标，并以表现性目标作为课程效果评估的依据。可以想象，仅此动作就足以使授课老师改变其以往的授课方式，他开始有压力，不得不调整原有的教学内容、教学过程、教学形式甚至逻辑结构，否则他很难实现表现性目标。

我经常向有多年教学经验的老师推荐盛群力等编著的《21世纪的教育目标新分类》一书，书中介绍了很多世界级的教学大咖关于教学目标的研究成果，比如布鲁姆、安德森、豪恩斯坦、马扎诺等。另外，R·M·加涅等著的《教学设计原理》、M.戴维·梅里尔著的《首要教学原理》等教学专业图书中也对教学目标有大篇幅的探讨和论述。为什么世界级的教学大咖都在研究教学目标？因为教学目标在教学中起着提纲挈领的作用。

老师在学习课程开发中，如果想利用一个抓手快速上道，首先就需要练习把传统的教学目标翻译成表现性目标，然后围绕如何把表现性目标变成现实这一问题，进一步思考教学内容、教学过程、教学形式、教学结构等元素。如果你手头有一门在授课程，请结合今天所学思考一下：

（1）你的教学目标是表现性目标吗？如果不是，如何运用所学知识将其翻译成表现性目标？

（2）假如你成功地把教学目标翻译成表现性目标，请进一步思考，教学内容、教学过程、教学形式、教学结构需不需要做适当的调整以及如何调整？

（3）设想一下，你使用调整后的策略进行教学，课堂上为了检验表现性目标是否实现，你需要看到学生的哪些具体表现？

不同内容有不同
的教学策略

第3讲

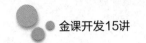

如果把表现型目标比作菜单上展示的菜品效果图，那么教学内容就是各类食材，显然，不同的食材要用不同的烹饪方式。布鲁姆把教学内容分为三种类型：知识、技能、态度。同时把学生掌握程度分为若干台阶，如记忆、理解、运用、分析、评价、创造等，从而使教学有了立体框架。内容不仅分了维度，而且在每个维度上也定义了程度，这就使教学目标可以被定义，也使教学设计有章可依。

## 为什么要进行教学内容分类

首先，我们思考一个问题：为什么把教学内容分为知识、技能、态度三种类型？所有关于教学设计原理的书籍都会花大量篇幅讲什么是技能、什么是态度、什么是知识，再讨论技能应该怎么教、态度应该怎么教、知识应该怎么教。而且，不同教学专家对知识、技能、态度的理解都不一样，教学主张也不尽相同。

我做过教学设计原理的主题阅读，感受到读的书越多越容易云里雾里。但作为教育工作者，对教学内容的分类和不同内容的教学策略没有自己的理解是很难做好教学的。对知识、技能、态度分类的深刻理解和因"材"施教是每个教育工作者不容回避的问题。我认为，懂不懂区分教学内容的知识、技能、态度，会不会因"材"施教是区分专业教师与业余教师的重要标志。

我曾对比阅读了很多教学大咖的教学分类主张，交叉类比地分析不同主张背后的认知心理学原理，在大量的教学实践中验证不同主张的有效性，试图通过实践发展出自己对知识、技能、态度的独到理解，以及知识、技能、态度教学策略的独特主张。教学是实践性极强的工作，实践不仅是检验真理的唯一标准，也是发展真理的唯一途径，真理指导实践，实践发展真理，只要坚持在实践中迭代，每个人都可以发展出自己的教学理念和实战策略。

此过程中我最大的感受是，当你觉得五花八门的理论和主张很难整合的时候，就需要回归本质，回到教学的第一性原理即教学是为了学生的有效改变，为什么把教学内容分为知识、技能、态度就能更好促成学生改变？我认为，把教学内容分为知识、技能、态度，不仅给教学内容贴了属性标签，更重要的是人们的大脑对知识、技能、态度这三种不同类型刺激的反应方式、加工方式不一样。从学生学习的角度理解，在学习过程中，态度、技能、知识三种刺激进入他们脑海里引发的反应不一样，激活的区域不一样。

教学内容和大脑机能之间有对应关系，布鲁姆教学目标分类理论正是迎合了大脑的加工和反应模式才使教学更有效。比如掌握技能，需要运动系统的参与，主要激活的是前运动中枢、丘球、下丘球、脑干、延髓、小脑、基底神经等；改变态度，需要情感系统的参与，主要激活的是大脑两侧的颞叶、里面的杏仁核、海马体；学习知识，主要激活的是大脑皮层。态度、技能和知识的划分实际上也暗含了大脑的生理和结构基础。

从这个意义上就不难理解教育界把教学内容的分类当成划时代的进步。之前都是基于条件反射理论的"刺激—反应"模式，并不深究大脑对不同信息的加工和反应特点。在脑科学长足发展的今天，借助先进的仪器，可以洞若观火地看到大脑对知识、技能、态度三种不同类型刺激的处理和反应方式。既然不同刺激激活的脑区域不同，那么课堂上让学习发生的策略自然会不同。可以说，把教学内容分为知识、技能、态度三种类型，大大加强了教学的针对性，提高了学习者的学习效率。

为了进一步探索教学内容分类与大脑反应模式的关系，需要对大脑内部复杂结构有框架性的理解。我想到了保罗·麦克里恩的"三脑学说"。麦克里恩提出：在人类的大脑中，还并存着爬虫类脑和低等哺乳动物类脑。也正因为如此，人类经常会因为理智与本能之间的矛盾而烦恼。麦克里恩认为，人类大脑中同时包含着爬行动物时代、哺乳动物时代和人类时代三个不同进化阶段的大脑，这三脑各自能独立工作，各司其职又能相互协同、完美配合（见图3.1）。丘脑、基底神经、脑干、小脑等组合为爬虫类脑，负责行为反应；颞叶、杏仁核、海马体组合为低等哺乳类脑，负责情绪反应；最后发展的大脑皮层发展出注意力、逻辑思维、想象力、意志力、反思反省等人类独有的高级机能负责认知反应。

查尔斯·都希格在他的《习惯的力量》一书中举了一个案例：一位大脑皮层被完全损坏的人，居然可以完全不受意识支配地走到小时候玩过的公园，并且再顺利走回来。可见，大脑是分层工作的，行为脑代表着我们最原始、最基本的行动能力，情感脑掌管着与小猫小狗一样的情感反应能力，只有认知脑才代表着人类独有的逻辑思维能力。任何有效改变，都离不开三脑的积极参与和协同配合，我将行为、情感、认知称为促人改变的三驾马车。

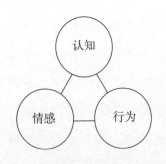

图3.1　行为、情感、认知示意图

哈佛大学成人学习与专业发展教席教授罗伯特·凯根在他的《变革

为何这么难》一书的开头，就抛出这样一个现象：

　　一项医学研究表明，假如心脏科医生告诉严重心脏病患者，如果不改变个人生活习惯，如饮食、锻炼、吸烟等，他们将必死无疑。即便在这种情况下，也只有大约1/7的人会真正改变自己的生活习惯。剩下6/7的人，难道就真的对生命毫无眷恋吗？还是有什么东西让人们在面临致命危险时，仍然无法改变自己致命的嗜好？

　　对严重心脏病患者来讲，抽烟将意味着加速死亡。这是一个非常直白的道理，因果关系清晰，表达很清楚，我相信所有的病人都明白这个道理。但为什么只有大约1/7的人会真正改变呢？据此，我们可以得到一个近似的推断：明白道理（认知改变）对一个人产生改变的贡献只有大约1/7。反过来，我禁不住要问："有多少人把讲道理当成促成人们改变的全部？"

　　老师说："把道理都讲得透彻了，你们怎么还这样？"

　　家长说："该说的话都说尽了，你就是不听。"

　　领导说："正面反面的例子都给你讲了，你怎么就这么拧呢？"

　　为什么这些整天只知道讲大道理的人声嘶力竭地给别人讲道理，收效却总是甚微呢？问题就是只讲道理不足以促成一个人彻底改变。我把这种现象称为"信不足焉，又不信焉"，单讲道理不足以让人相信，所以没有人相信，分量不足、力道不够呀。那么，还有什么因素影响人的改变呢？或者，还有什么因素影响人们不去改变呢？有烟瘾的肺癌患者可能说："我知道抽烟对我的病不好，可是我习惯了，'饭后一支烟，胜过活神仙'，吃完饭下意识的动作就去口袋摸烟。"可见，行为习惯是影响人改变的另一个因素。

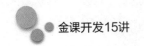

我们姑且假设认知脑在促进人们产生改变中的贡献为1/7，情感脑和行动脑的贡献各占3/7。在最理想的情况下，只有"三脑合一"的改变才是最和谐、最彻底的改变。但在多数情况下，人们所处的状态并不是"三脑合一"的和谐状态，所以人们内心会纠结、郁闷。认知脑、情感脑和行为脑经常在人们的躯体里玩着"三国演义"的游戏，任何两者的合作都能够战胜第三者，甚至有的时候，某一个脑内部也会出现矛盾分析，如矛盾的认知、复杂的感情、下意识的动作等。三脑模型的解释能力很强，能解释的现象超过人们的想象。

维果茨基认为，认知脑，也就是人类区别非人类灵长类动物独有的皮层脑的大脑机能是高级机能；而行为脑和情感脑，也就是人类和非人类灵长类动物都具备的大脑机能是低级机能。他指出，高级机能是社会化的产物，而低级机能是进化的产物。高级机能可以通过语言文字、意识思维隔空学习，而低级机能必须进入到真实状态才能发生改变，即情感反应必须在情感状态下改变，行为反应必须在行动实践中改变。维果茨基的这些观点对深入认识大脑和学习都极具价值，而教学实践中最大的误区是把态度和技能都知识化了。

探究知识、技能、态度三种教学内容和三脑（认知脑、行为脑、情感脑）的关系，本质上是探索教学内容与大脑反应模式的对应关系。深度理解大脑有助于提高对知识、技能、态度三种教学内容的理解，也有助于教学实践中对不同内容的教学策略的灵活把握和应用。

## 对知识、技能、态度的再认识

知识、技能、态度是三种基本的教学内容，而大脑是加工工具，也是最终载体。三脑才是学习的生理基础，知识、技能、态度无非是顺应大脑工作原理的教学分类。经多年在教学实践中的持续体悟与复盘，我终于发展出个人版本对知识、技能、态度的理解。尽管我的理解未必能得到广泛的认同，却实实在在地能有效指导我的教学，让我的教学变得更简单、更有效。

我所说的促人改变的三驾马车：行为、情感和认知，正好对应着三脑：行为脑、情感脑和认知脑。很长时间我以为知识、技能、态度和三脑是一一对应关系，其实不然，因为三脑是生理基础，无论是掌握技能、改变态度还是学习知识，三脑都实实在在地参与了，只不过参与的方式和阶段不同。因此，我有必要逐一剖析一下知识、技能、态度与三脑的关系。

## ■ 技能是付诸行为的认知

先说技能，我认为技能是付诸行为的认知。技能的掌握离不开认知脑和行为脑的组合反应。举个例子，人类能够轻易学会开车，而大猩猩为什么学不会开车？大猩猩学不会开车的障碍并不在行为脑，其动作比人类还敏捷，真正的障碍是大猩猩的认知脑不足以理解和运用开车的知识。

只有基于知识的行为才是可复制的行为。显然，技能包含两部分：知识部分和行为部分，不仅需要认知脑掌握知识，还需要行为脑按照认知脑掌握的知识付诸行动。技能的掌握是认知脑和行为脑紧密配合的结果，当把技能掌握到炉火纯青、得心应手的自动化反应程度，知识可能就不再被需要了。可见，**知识仅仅是技能掌握过程的支架**，我很喜欢一句话：知识不用没有意义，用熟了又失去意义。

加涅把布鲁姆所说的技能细分为三类：智慧技能、动作技能和认知

技能。无论是智慧技能还是动作技能，熟练掌握的标志都是学习者能够不假思索地自动化反应，即不需再经过认知脑的有意识参与，变成行为脑自动完成。我们可以边开车边聊天，因为开车是典型的动作技能，熟练掌握了之后不需要消耗额外的精力，不需要有意识的参与，而是根据大脑肌肉记忆和自动化条件反射的程度由潜意识直接完成。

### ■ 态度是附着情感的认知

理解了技能的本质，就容易理解态度的本质。我认为，态度是附着了浓厚情感的认知，本质是认知脑和情感脑的组合反应。态度也包含两部分：认知部分和情感部分。态度与技能、知识有很大区别，它实际上是情感反应，凡是有态度，背后必有情感因素，没有强烈的情感反应不叫态度。

人们对事物的价值判断是大脑皮层的工作，所有评判都会激活前额叶。价值判断是消耗精力的，而大脑为了节省精力，会把多次价值判断的结果逐渐授权给边缘系统做出快速反应。情感反应在最初形成时是有价值判断的，但大脑授权给边缘系统后，就把价值判断的运算过程简化成简单的查字典过程。

负面情绪的反应更是如此，海马体只要隐约感觉某个情境不对劲，杏仁核就马上报警，很快整个身体都会有生理反应，而整个过程大脑皮层都没有参与。**态度形成的初期的确需要一番道理（价值判断），但一旦被情感附着演变成自动化反应，道理反而就不重要了。**

有些成年女性非常害怕毛毛虫。按道理讲，毛毛虫那么小的东西绝对不值得成年人害怕。真相可能是这些成年女性在很小的时候被毛毛虫惊吓过，其大脑皮层已经把价值判断结果记录在潜意识数据库中，之后的很多年，海马体只要感受到毛毛虫这样的刺激物，杏仁核就不问原委地马上启动应激反应，进而全身释放甲状腺素、肾上腺素和皮质醇，交感神经被全面激活，浑身都僵硬了。这么敏捷的反应尽管不理智，却成为漫长的进化过程中人类得以生存的原因，太多紧急情况是不容思考的。

其实，激烈的负面情绪都是大脑的应激处理。同样的道理，认知脑仅仅是态度形成过程的支架，初期很重要，一旦到了自动化反应阶段，背后的缘由就不重要了。《大学》有言："人莫知其子之恶，莫知其苗之硕。"为什么呢？原因就是，如果态度已经被附着了浓厚的情感，情感反应就会自动屏蔽了价值判断。

## ■ 知识是基于主观经验的建构

知识就是人类高级思维抽象加工的产物，可以说完全是认知脑的事情。布鲁姆所说的知识和后来加涅提出的言语信息是同一概念，广义上指人们存储在大脑中的信息。知识包括事实性知识，即对客观存在和事实的描述；知识也包括经过大脑抽象加工的知识，这种知识被称为概念性知识，包括概念、原则、规律等。

狭义的知识以语言为载体，人们理解语言靠的是激活大脑皮层中的语义网络。比如，我说："前面走来一只小狗。"那么每位读者脑海里都会显现出一只小狗的形象，而且每位脑海里显现出的小狗还不尽相同，也许你激活了邻居家的一条哈巴狗，而我激活了一条大狼狗。因此，知识的习得过程无非是个体用外来的语音信息激活既有的语义网络，再把信息编织到自己的语义网络中。

所以，知识是基于主观经验的建构。认知主义认为知识是客观的，而建构主义认为知识具有主观性，因为知识在获得、存储以及提取的过

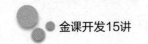

程中，个体编织的内在语义网络完全不同，同样的知识在不同脑海的反应千差万别。

以上是我读了大量关于教学设计原理的理论，结合自己多年的教学实践建构的关于知识、技能、态度的个人版本的理解。每个人都会依据自己的认知行事，我对知识、技能、态度的理解直接指导着我的教学，影响着我的教学主张。

### ■ 掌握程度有阶梯

再用行为、情感、认知三种最基本的能量分析一下三种不同教学内容的教学策略，会发现一些更深层次的规律。三者大致相同的是前半段，即知识教学的前半段：为理解而教。不同的是后半段，即知识教学的后半段是：为应用而教。

豪恩斯坦把知识掌握程度的阶梯分为：概念、领会、应用、评价、综合。在知识掌握的五个阶梯中，概念和领会显然是认知过程，需要认知能量；应用偏重付诸行动，需要行为能量；评价不仅有认知，还附着个人的价值观和情感，需要认知能量和情感能量；最后的综合则实现了认知、行为、情感三种能量的整合。

技能掌握程度的阶梯分为：知觉、模仿、生成、外化、精熟。在技能掌握程度的五个阶梯中，知觉显然是认知过程，需要认知能量；模仿要付诸行动，开始整合行为能量；生成是学生的主动结合和创造过程，少不了积极的情感体验，需要情感能量；外化又付诸行动，根据感觉收集、反馈并迭代套路，行为、情感、认知能量都参与了；最后的精熟则是认知、行为、情感三种能量的完美结合。

态度习得程度的阶梯分为：接受、反应、价值化、信奉、性格化。

在态度习得的五个阶梯中，接受显然是认知过程，即在道理上明白了，需要认知能量；反应和价值化离不开情绪，需要情绪能量；屡试屡爽、反复应用才能达到信奉的程度；最后的性格化则是认知、行为、情感三种能量完美整合的结果（见图3.2）。

　　由此可见，尽管三种不同类型的内容在教学中的进阶过程不同，但要达到最高水平的掌握，都需要实现认知、行为、情感三种能量的完美整合。

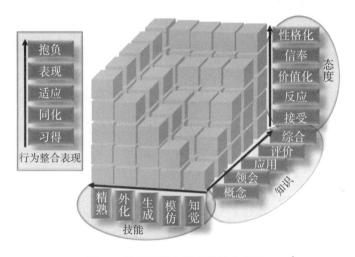

图3.2　学习后学生行为的整合表现

资料来源：改编自豪恩斯坦对知识掌握程度的分类

　　值得一提的是，认知脑是人类独有的大脑的高级机能生理基础，主要负责知识的学习，学习风格是分析—理解型，可以透过看书、网络等方式隔空学习，我称为"脱机"工作。而行为脑、情感脑则要靠人类和非人类灵长类动物共有的大脑的低级机能实实在在地表现出来，且各自具备无意识学习能力，通过模仿和感受的方式自动学习。

　　但复杂一点的技能和高级的情感反应（态度）则必须先有认知过程，再由自己的认知透过大量刻意练习或者情感附着实现功能转移，从

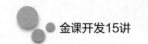

有意识反应转为无意识的自动化反应，从而提高反应效率，释放认知脑的意识与思维资源。技能和态度掌握的标志都是无意识的自动化反应，认知过程都可以理解为一种手段或者过渡，教学术语称为支架。

## 因"材"施教的教学反思

如果老师自己的脑海里建立了清晰的知识、技能、态度的概念，就不难理解知识、技能、态度的教学策略。教学实践中，则会根据不同的教学材料采取不同的教学策略。

知识教学的本质是以知识为线索，激活学习者自己的语义网络，进而促进学习者主动把新的知识编织在自己的语义网络中。所以，知识掌握的标志是学习者结合自己的旧知和经验建构出个人版本的理解，进而在合适的情境下激活知识，并运用知识解决问题。而知识学习的难点在于运用知识解决问题。人们常说的"知识改变命运"是一个伪命题，只有在市场场景下激活恰当的知识解决问题，知识转化成解决现实问题的能力，能力才能改变命运。所以知识教学需分为两段：先为理解而教，再为应用而教。

技能教学的套路部分本质是有关HOW的知识，在教学中等同知识的教学，重点是引导学生把学来的知识付诸实践，用行动而非语言表达出来。比如，开车要倒库移库，新司机是背着口诀完成的，口诀是倒库移库的规则，属于技能的知识部分。而老司机根本不需要背口诀，三把两把就能把车倒回库里，因为他已经彻底把知识内化成自动化反应了。

态度教学的前半段和知识教学的前半段差不多，重点和难点都是引导学习者持续附着情感。就像油漆工要一遍遍地刷漆才能让家居光亮一样，态度的形成过程需要情感的持续投入。通俗点说就是**态度教学要走**

心，因为情感不是用语言传递的，而是用感受传递的，老师的真情实感才能引发学生的真情实感，老师在课堂上的用心学生是能够感受到的。还有，情绪是可以传染的，在态度教学中，营造一个积极向上、相互感染的氛围比讲知识重要得多。

态度、技能学习的前半部分都是知识的学习，也恰好证明了认知脑在学习过程中的重要性。我们区别于非人类灵长类动物的认知脑其实是一个宝贵的学习支架，也是特别稀缺的资源。我们日常所说的有意识学习是需要学习知识的，然后把知识付诸实践变成行为的自动化反应。一旦学习者实现了自动化反应，原来的知识反倒不重要了。

当然，学习还有一部分是无意识学习，即没有显性的知识，而是通过无意识模仿或者感受内化的形式学习。学习包含有意识学习和无意识学习两个部分，是二者相辅相成的结果。能用语言传授的知识只是少数，很多知识并不能有意识地用语言传授。这一事实，教育工作者必须清楚。

各位老师，请把我讲的理论与你感受的现实结合起来，这样你对理论才会有感觉。你可以结合自己的教学实践，思考几个问题：

（1）你所授的课程中，哪些是典型的知识，哪些是态度，哪些是技能？

（2）尝试区分态度的认知部分和情感部分，思考在教学中如何促进学生情感附着？

（3）尝试区分技能的认知部分和行为部分，思考在教学中如何指导学生付诸行动？

（4）尝试理解知识背后的语义网络，思考在教学中如何如何帮助学生形成个人版本的理解？

知识的领会和
应用

第4讲

知识是前人在经验基础上抽象出来的原则性、方向性和指导性的概念、原则和框架，是思维的产物。所以，知识并不能直接解决问题，解决问题需要将抽象的知识与具体的情境进行结合，要有适应性的改造、创造性的发挥和权变式的应用。这就意味着学习知识要伴随学生结合经验的抽象过程，使学生"知其然知其所以然"，引导学生将知识与自己的经验结合并建构出个人版本的理解，然后才能在应用时不拘泥于知识本身进行创新权变，才能把知识转化为生产力。今天的人们脑子里装的知识很多，但能够有效转化为生产力的知识并不多，这是知识教学要着力解决的问题。

## 抽象的知识需用具体的经验消化

　　知识是抽象思维的产物，它源于经验而高于经验。知识的形成是把经验中的非关键特征做了剥离，只留下决定事物本质的关键特征和底层结构，最后以概念、原则和框架的形式存在。

　　当然也有伊曼努尔·康德所说的先验知识，即纯粹的形式知识，这类知识也要结合现实才能使人们理解。为什么相对论和量子力学这样的知识老百姓很难理解，就是因为这类知识离我们的现实生活太远了。教学的本质是让学生在抽象的概念中获得生动的体验，如果知识抽象到难以还原现实的程度，教学难度就大了。

　　知识最鲜明的标签就是抽象化，而知识教学的任务就是让这些抽象化的概念变得生动、有意义、能应用。学生的旧知和经验可以比作消化新知的酶，离现实太远的知识对学生而言就是肚子里缺乏的消化知识的酶。学生必须把老师讲的抽象知识和其具体的经验紧密关联起来，用知识解释经验、用经验理解知识，才能对知识有自己真正的领悟，学生不

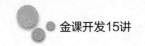

知道怎么应用是因为没有真正领悟的知识，这些知识唯一的用途成了学生吹牛的谈资。

豪恩斯坦把知识掌握程度划分为五个阶梯：概念、领会、应用、评价和综合。学习知识首先得理解概念，继而领会其内涵。领会是一个内在过程，我认为，这就是将自己的旧知和经验结合，形成个人版本理解的过程。有意思的是，学生对知识的领会过程也是知识的再生产过程，只要把抽象的知识和具体的经验结合，学生就会有自己独到的理解。只有真正领会知识的学生才能付诸行动，应用知识解决问题。再进一步的掌握程度是运用知识分析或者评价现象，也就是能够穿透具体的现象看透背后的本质。最后达到综合的境界，即能够运用知识进行创新权变等，甚至在实践中发展出自己的知识体系。

## 知识教学的误区

互联网时代是知识爆炸的时代，每个人都可以方便地利用互联网获取想要的知识，同时，每个人都可以将自己"再生产"的知识放到网上，人类拥有的知识正在以指数级增长，近十年人类的知识总量是过去五千年知识的总量，而且每十年知识总量就会翻一倍。

庄子说："吾生也有涯，而知也无涯，以有涯随无涯，殆已！"用有限的生命追随无限的知识是危险的。很多年轻人迫切地学习各种知识，恨不得一天二十四小时都戴着耳机听讲座和读书，甚至有人还双倍速、三倍速地听。那么问题来了：学了这么多，为什么依然过不好这一生？因为这是走进了知识学习的误区。

知识并不是光看看书、听听讲座就能学会的。只有真正领会的知识才能转化为生产力，才能被应用。

对于知识的学习，我总结了一个向量模型（见图4.1）。直角三角形的两个直角边，一边叫吸收，另一边叫转化，吸收和转化两个环节形成的向量才是有效学习。对应到教学中，老师不仅要为学生输入知识，更要帮助学生转化，把知识转化成学生基于自己旧知和经验的领悟，这样才可能促成学生有效改变，把知识转化成学生的能力。

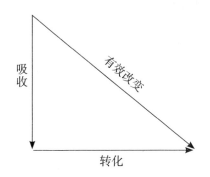

图4.1　知识向量模型示意图

而现实中不管是线上教学还是线下教学，知识教学总是重输入轻转化。实际上，只有转化才能帮助学生把知识变成能力。知识本身改变不了命运，应用知识解决问题才能改变命运。我经常说："行万里路不转化，你也就是个邮差；读万卷书不转化，你也就是个Kindle。"绝对不能把自己学成Kindle，学成书橱。即使能把知识倒背如流，不能运用知识解决现实问题，也是白搭。

几年前，有位大咖托他的助理找到我，向我发出合作邀请。原来，这位大咖专门给企业家讲互联网经营的新理念，企业家都觉得他讲的理念特别新颖，但是学了之后却不能把这些理念灵活运用到自己的事业中。有人就想：如果有人能帮助企业家把大咖讲的思想进行引导转化，辅导企业实施落地就好了。于是他们就找到我，说："田老师，您是教

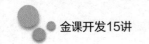

学专家，能不能帮我们培养一批知识转化师，帮助企业将这些先进理念在实践中落地。"

这件事情有那么简单吗？答案是否定的。我说："在大咖看来，只要把道理讲透彻，就完成工作的99%；只要有人把他讲的道理引导一下，辅导学员应用最后的1%，就功德圆满了。可是在我看来，道理讲得再透彻也只是引发学员改变的1%，把知识转化成生产力才是教学需要的99%。"

互联网时代，知识很容易获得，把知识结合实际创新地、变通地应用到工作中，才是最稀缺的能力。

传统教学的弊病也在这里，多数老师把自己的角色定为知识的传播者，课堂上滔滔不绝地向学生宣贯知识。学生只有吸收过程，没有转化过程，有效学习并不多，这样的课堂反倒成为学生有效学习的障碍。胃口再好，只吃不消化也无济于事。

有一种消除棉铃虫的农药，就是给棉花叶子上喷洒一种毒蛋白，这种毒蛋白能够与棉铃虫体内消化食物的酶发生作用而使棉铃虫消化不了棉花叶子。当棉铃虫再啃食棉花时摄入毒蛋白却不能消化，最后只能饱着肚子却慢慢饿死。填鸭式的教学就容易把学生搞得像这种棉铃虫一样惨。所有教学都应该是以转化为重点，而不是以知识的输入为重点。本末倒置，越努力效果越差。

## 知识教学的两大策略

知识教学最重要的是什么？一是领会，学习者要结合自己的旧知和经验建构出自己独到的理解，领会的知识才真正属于自己；二是应用，运用知识解决现实问题。学习者总在解决问题过程中被动应用知识，除了课堂教学，很少有以知识为主导的主动应用。其实人们缺的不是知识，而是遇到现实问题成功提取知识和运用知识解决问题的能力。从枯燥地感知到生动地领会是一个境界，从生动地领会到灵活地运用是另一个境界。

对应到教学上，有两个重点：一是帮助学生领悟，领悟是学生内在的动作，需要学生主动建构。没有学生的主动建构，老师有天大的本事也没办法让学生领悟。二是帮助学生更好地把握知识的精髓，更多地把知识和实践结合，就是我所提倡的"深度思考，野蛮关联"。**深度思考就是穿透式理解知识背后的底层结构和指导思想，更通透的理解才能促成更灵活的应用。野蛮关联就是在学习的过程中更多地关联知识运用的场景，每多一个野蛮关联，遇到真实场景时我们提取恰当知识的可能性就越大。**

## ■ 策略一：帮助学生建构个人版本的理解

知识教学的第一个重点策略是帮助学生建构个人版本的理解。建构主义对知识的理解与传统教育对知识的理解有明显的不同。首先，建构主义否认知识的客观性，认为知识是学生基于经验的主观建构。其次，知识在学习和传播的过程中不可避免地被再加工和再生产。"知"和"识"是两个字，如果"知"代表信息，那么"识"代表个人的见识，它是基于个人信念系统、旧知经验对信息的解释。学习过程是学生旧知解释新知的过程；是以新知为线索，激活大脑内部的语义网络，再把新知编织到自己的语义网络中的过程。有个隐喻颇能说明其中的道理：

小池塘里的鱼和青蛙是好朋友，它们听说池塘外的世界很精彩，很想去看看。遗憾的是，鱼离不开水，两栖的青蛙却能跳出池塘。于是青

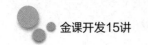 

蛙就独自去看外面的世界。后来，青蛙回来了，鱼迫不及待地问青蛙外面的世界究竟是什么样子。

青蛙说："陆地上有很多稀奇古怪的东西，比如，奶牛长得又高又大，浑身是黑白相间的斑点，四条粗壮的腿，大大的乳房，头上长着两个犄角。"

听完青蛙的介绍，鱼心目中牛的形象就是很大的花斑鱼，四个粗大的鱼鳍，头上长着两个犄角，嘴里吃着水草。

青蛙说："陆地上有人，用两条腿直立行走。"

鱼就想，人大概就是把尾巴竖起来，用尾鳍摇摆着行动的鱼。

青蛙说："陆地上有鸟儿，用两只翅膀在空中飞。"

鱼又想，鸟儿大概跟鱼在水里游一样，用大大的鳍拍打着空气游动。

对鱼而言，它对外部世界的理解离不开自己的经验和眼中的世界。

对课堂上的学生而言，老师和同学都只是信息的提供者，而学生本人对信息的吸收和加工有绝对的主导权。正如建构主义大师杰根所说，"我讲的每一句话都没有意义，除非你认为它有意义，反过来也一样"。传统教学对学生学习过程中的主动性不够重视，对学生自主信息加工的主导权不够尊重。老师经常很强势地为学生植入知识和套路，追求标准答案。而笃信建构主义的我始终认为标准答案"害死人"。

在课堂上，我问学生一个问题："请问陕西的省会是哪个城市？"学生们不假思索地弹出一个答案：西安，看上去西安就是标准答案。紧接着我会再问一个问题："你们从听到我的问题（刺激）到弹出你的答案（反应）之间的内在思维过程，是不是都一样？"不，没有两个人的中间思维过程是一样的。想到西安，有人联想到凉皮、肉夹馍；有人联想到兵马俑；有人联想到十三朝古都……

为什么会不一样？因为每个人的旧知和经验不一样。所以，在学习知识的过程中，学生会不可避免地运用旧知和经验去理解、消化新的知识。知识掌握的标志就是新知和旧知已经整合在一起，学生在自己的语义网络中找到一个合适的位置把新知编织了进去。传统教学沿袭的是认知主义的教学主张，把知识的教学当作给学生的大脑仓库装货物。而建构主义的教学主张更符合生物学的原理，学习知识就像吃饭，无论吃鸡肉、鸭肉还是牛肉，最终都要消化吸收，进而长成自己的肉。知识的学习过程恰恰就是这个"消化吸收"过程，需要通过一系列的消化动作，以旧知和经验为消化酶，用"深度思考，野蛮关联"的方式把知识转化成自己的领悟，即个人版本的理解。这是知识教学的重点，也是难点。

**领悟是学生的内在过程，老师只能努力促进，不能越俎代庖。**老师可以通过学生的课堂表现推断学生的内在过程，就像中医通过病人的五官推断其内在五脏的健康状况一样。我的课堂非常在意学生的状态，不是给学生多少我认为非常值钱的知识，而是带他们一起思考，思考的过程就是学生结合自己的旧知和经验进行建构领悟的过程。我有一句口头禅："你可以不回答我的问题，但不能不思考。"我喜欢学生在我的课堂上陷入深度思考的神态。

### ■ 策略二：帮助学生应用知识解决实际问题

知识教学的第二个重点策略是帮助学生运用知识解决问题。人人身上都有很多知识，学问很多，生存能力很差的人多的是，但遇到具体问题能提出恰当的知识来解决问题的人就很少了。知识教学的误区就是贪婪地获取知识，貌似学了很多，却没有提升生活和工作能力。遇到具体

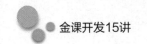

问题和挑战的时候，依然本能地运用童年时期的应对方式，常常碰得鼻青脸肿，偶尔回首，才拍着大腿幡然悔悟："当时怎么就没有想起来用这个呢？"

大多数人看似学了很多，悟了很多，但做起事来立即被打回原形。所以，王阳明先生提倡凡事需在事上磨，没在事上验证过的知识只是谈资。不想方设法应用，只是贪婪地读书是没什么用处的，读了多少书不重要，领悟并应用了多少知识才重要。没领悟、没应用的知识仅仅满足了你对知识的占有欲而已。

下面，我用脑科学的原理分析一下学了很多却在实践中不能学以致用的原因。我们大脑工作的时候有一个工作记忆区，我将其隐喻为"内存"。当突如其来的问题和挑战到来的时候，我们大脑的内存就全被意外的刺激占据了，甚至杏仁核释放危险信号，启动大脑的应激工作模式，这样一来理性思考的功能都被屏蔽了。这时候的大脑根本没有充足的内存去激活那些有用的知识。

只有知识的有效提取和应用才能解决问题，才能支持你采取恰当的措施。接下来要思考的问题是，如何面对突如其来的刺激，用仅剩的一点内存，哪怕是1%的内存激活并运用知识做出正确的反应？换句话说，如何用知识主导的理性反应替代情绪主导的本能反应？要提升知识在紧急关头被激活的比例，就要采用"养兵千日、用兵一时"的策略。在紧急关头不能有效提取知识去应用，是因为在学习该知识的时候功夫下得不够，仅仅记住了肤浅的概念，并没有把概念和当下的情境关联起来。

解决这个问题，我的主张是"深度思考，野蛮关联"。所谓深度思考，就是深度理解知识背后的精神、结构、框架，而不是仅仅停留在表层信息上；所谓野蛮关联，就是尝试把知识与尽可能多的场景进行关联，多问"what if"的问题，多思考如何变通地、创新地应用知识。"这种情况怎么办？""那种情况又怎么办？"

如果在学习知识的阶段学生已经做过多种不同场景下的关联，那么，当某种情况真实发生的时候，学生能够有效提取知识解决问题的概率就会大大提升。如果提取失败，就是因为学习知识的时候功夫下得不够，场景关联得不够"野蛮"。学生在学习知识的时候毕竟还是很从容的，要是从容时没设想过知识在具体场景的应用，就别指望在紧急状态下能临场超水平发挥。

我认为，**所有的知识都是"有意识地学、无意识地用"**。有意识地学是有意识地去理解它、领悟它，在闲暇的时候多琢磨它，思考得越深越透、关联得越野越广，知识在实践中被应用的可能性也就越大。无意识地用是在应用时不需要占用太多内存、耗费太多精力就能有效提取和应用出来。

总结一下，知识的教学就是两大策略。策略一是帮助学生从"概念"到"领悟"，用旧知和经验消化新知，领悟是应用的前提。不管你读过多少书、经过多少事，只有领悟的部分真正属于你，只有学习时深刻领悟的部分，才能在关键时刻用得上，从而应用它解决问题、创造价值。所以，知识的教学在帮助学生消化知识上下多大功夫都不为过，老师给学生一万个知识点，不如帮助学生深度消化一个知识点。

泛泛地了解很容易陷入佛教所说的"所知障"中。我经常说："学习过程中最大的误区是自己以为懂了。"所谓"懂了"，常常只是表层的、肤浅的理解，其实没有达到领悟的程度，反倒自己给自己合理化地贴个标签——这个知识我懂，进而泯灭了进一步深挖的好奇心。实践会检验你懂的程度，没有真正领悟的知识在实践中是不会被激活的。

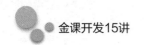 

策略二是帮助学生应用知识解决问题。王阳明先生说"知者行之始，行者知之成"，知行原本是合一的事情，为什么知却不能用呢？因为知得还不够深。知不深，行不远。所以要以知促行、以行促知、知行互促，反复折腾才是知识掌握的途径，就像拿螺丝刀拧自攻螺丝一样，拧一圈深一层。

多元智能理论提出者霍华德·加德纳教授的学生问加德纳："老师，您的理论我还没有完全理解，我怎么敢去用呢？"加德纳想了想回答说："你连用都不敢用，怎么可能做到真正的理解呢？"从理解到应用，它们之间的鸿沟实在是太大了，只有理解并付诸实践验证过的知识才称得上是真知。

北儒学家程颐说："颐自十七八读《论语》，当时已晓文义。读之愈久，但觉意味深长。"从"晓文义"到"但觉意味深长"的真懂还有不短的距离。领悟和应用原本也是相辅相成、相互促进的关系。因此，在知识的教学中对老师的挑战就是动脑筋帮助学生领悟，把知识讲透讲活，让学生把知识学透用活。

## 激发学生学习知识的动力

本节，我们从学生学习知识时的学习体验角度理解如何做好知识的教学。首先，帮助学生找到学习知识的意义感。对老师而言，他们眉飞色舞地讲授知识的原因大多是自己很清楚知识的价值和意义。对学生而言，只有找到知识对自己的价值和意义，他们才愿意参与课堂的学习。

一般而言，课堂一开始老师就需要解释知识对学生的价值和意义，并回答WIIFM（What In It For Me）的问题，即"我能从中得到什么"。

而且这个问题是学生自己探索的，不是老师强加上去的。如果学生找不到学习对自己的价值和意义就会本能地应付，而一旦找到价值和意义，学习的痛苦将不再是痛苦。因此，老师要尽量把所授知识与学生的生活、工作、利益、前途、成长等关联起来，帮助学生建立所学知识与自己的自我系统、元认知系统、认知系统、情感反应系统、行为反应系统的关联。

其次，帮助学生找到学习知识的效能感。学生找到所学知识对自己的价值和意义，随之而来的第二个困惑就来了："这东西我能学会吗？"这时候老师就要不失时机地帮助学生树立学习的信心。如果老师在教学过程中没有持续给学生信心，学生就可能渐渐丧失信心。也许因为所学知识太多太复杂，学生认知负荷太重，跟不上老师的节奏了；也许因为缺少及时有效的反馈而心急，渴望学习过程中的每一次表现都被看见，每一个阶段性进步都被表扬，每一点偏差都被及时指导，希望有一种持续进展的体验，如果缺乏进展，学习的动力就会下降；也许因为教室的学习氛围，可能老师没有营造更好的学习场域，也可能部分学生的消极状态影响了更多学生的学习状态。

孔子说："时然后言，人不厌其言。"教学不是一味地给学生知识，而是恰逢其时、恰到好处地给学生知识、情感支持、指导反馈、互帮互学的学习氛围，学生才会有持续的学习动力。不顾学生状态地讲授知识不是教育工作者的表现，顶多是教书匠。

最后，帮助学生找到学习知识的获得感。这一点指的是学生的点滴收获都能够得到验证，能够表现出来。通过学生的亲自验证和具体表现，让学生感受到成长的喜悦和运用新知的成就感。即便看不到立竿见影的效果，也要让他们看到希望。看到成就，知识被当堂验证的愉悦回

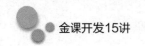

路就形成了；看到希望，课后行动的动力就有了。我提出学有三乐——共鸣之乐、关联之乐、重构之乐，这三乐都是获得感的表现。当学生在学习中找到乐趣时，老师要创造条件让他们分享自己的乐趣，分享不仅能巩固自己的学有所获，也能激励身边的同学投入学习。

这就是我提出的有效学习的三道坎。第一道是激发学生学习兴趣，解决愿不愿学、值不值得学的问题；第二道是解决学生能不能学会的问题；第三道是解决学习后能不能体验到学习进步和知识应用价值的问题。总得来说，第一道坎解决意愿问题，第二道坎解决能力问题，第三道坎解决实践应用问题。无论让学生领悟还是应用，都需要学生的主动性，也都需要老师调动学生参与的积极情绪。

意义感、效能感、获得感都有了，学生就建立了学习的积极体验闭环。积极的体验会激励学生更加乐意为学习投入精力，任何有效学习，都需要建立"认知—行为—情感"三者相互促进的良性循环。

## 深度学习与教育现状的改变

各位老师可以结合自己的经历领悟一下本节的知识。教育工作者首先应该是学习者，你有多少的知识达到了领悟的程度？又有多少的知识能够娴熟地运用？实际上，我们知道的知识很多，但用上的知识很少。懂了这个道理，你就不需要有认知焦虑了。

将知识深度领悟并灵活运用才有价值。如果你身上有一个能够灵活运用的知识，就值得复盘一下，问问自己是怎么做到的。以某个已经掌握到精熟程度的知识为例，其中哪些属于个人版本的领悟？哪些属于创造性和适应性的灵活运用？倒着研究更有利于你领悟在学习知识过程中的真谛和奥妙。当然，你也要思考如何把这份关于知识学习的新领悟应用到自己的学习和教学实践中。

也许你会发现，所有知识的领悟和应用都离不开自己智慧的深度参与，学习与创造需要同时进行。无论你身在哪个行业，从事什么工作，都需要有活力、有弹性地学习和创造，在实践中验证知识、发展知识，最终形成个人版本的套路和体系。

学习的目的是有效改变，而不只是掌握知识，掌握知识与有效改变相去甚远。知识本身是冷的，而把冷的知识与亲身体验的阅历拧成死扣，知识就有了情感和温度。"纸上得来终觉浅，绝知此事要躬行"，只有亲自去做，才会发现所有的知识只是方向性和指导性的，要解决实际问题就需要做出适应性的改造和创造性的发挥。当然，一旦用知识解决了实际问题，也必然能发展出属于自己的理论。

而我想投身的正是这种促人深度改变的教育。千言万语地说教带不来一点实际的改变是毫无意义的，老师也缺乏教书育人的成就感。曾有人问我："田老师，你说你活着是为了改变中国教育。就你一年教这么点学生，什么时候才能实现你的愿景呢？"这个问题让我想到了年轻的彼得·德鲁克与著名经济学家约瑟夫·熊彼特的对话。

德鲁克请教熊彼特如何才能成为留名青史的大咖。熊彼特说："我已经到了这个年龄，知道仅仅凭借自己的书和理论流芳百世是不够的，除非它们能够切实改变人们的生活，否则理论没有任何重大意义。"从他后来成名后的主张就看得出，德鲁克深深领悟了熊彼特这番话。德鲁克说："管理是一种实践，其本质不在于'知'而在于'行'；其验证不在于逻辑而在于成果；其唯一权威就是成就。"德鲁克的工作方式就是一边做咨询，一边写书。咨询帮助德鲁克积累素材，写书又将这些素

材升华成理论，因而，德鲁克的理论都很实战。正因为他的理论从实践中来，所以经得起时间的考验，同时德鲁克很早悟到了不能仅凭理论流芳百世的道理，因此他在实践中发展出经得起考验的理论，故能流芳百世。

受熊彼特和德鲁克的启发，我也决心做让人深度改变的教育。我提出"深度学习，立体精进"的价值理念，所谓深度学习，就是促成学生从里到外的改变，让自己和周边的人都能感受得到的改变。我的梦想是，当我的学生回首往事的时候，其人生可以分为前后两个阶段，前一个阶段是与我结缘前，后一个阶段是与我结缘后。当我首次提出这个梦想的时候，连自己都脸红地不好意思说，但是，当听到数百名学生亲口跟我说我的梦想在他们身上应验的时候，我开始坦然了，也不脸红了。

所谓立体精进，就是促成学生的习性、心智和心性三位一体的持续精进，知识的学习只是浅层的学习，把知识转化成能力并表现在惯性直觉和惯性行为上，才是有效的知识的学习，也是有效的教学。**有效的教学使老师能直接感受到学生的改变，因此能从教学中获得深层次的快乐，在课堂上找到与财富无关的第二动力源。**

我很清楚自己追求的教学不是覆盖多少人，而是让来过我课堂的人都能发生深度改变。我坚信只有老师深度改变，才可以深度影响学生发生改变。只有亲身经历过深度改变的老师，才有勇气和能力帮助他们的学生深度改变，尽管深度改变是痛苦的，但只要意识到必须改变，再困难也会迎难而上。正如所有人都知道生孩子是痛苦的，但不会因此不生孩子。

我认为，要彻底改变填鸭式的教学模式，就要从规模化地复制可以熟练进行互动式教学的新型老师开始，一个老师的彻底改变会带来自己每一堂课的风格改变，进而影响他的学生的改变。现在的老师之所以习惯说教，是因为在他们还是学生的时候，他们的老师就是这样教他们的，这不是他们的错，但他们有责任改变这一切，否则教育是没有未来的。

　　只有老师率先走出这种陈旧的模式，他们的学生才能在课堂上体验到新模式的魅力，整个国民教育才可望像同心圆一样，一圈又一圈、一波又一波地改变。这个改变说难也不难，关键是积蓄足够的筹码，寻找合适的时机和资源。人类学家玛格丽特·米德的名言让我备受鼓舞："永远不要怀疑一小群有思想、肯付出的人能改变世界。事实上，世界正是这样被改变的！"

知识教学实战
课案与解析

第5讲

本讲我们讨论知识教学策略的具体实施。理解了知识教学的两大策略：领悟和应用，知识教学被自然而言地分为两大过程：为领会而教和为应用而教。要讨论具体的教学策略，就要引入课程开发五大要素的第三个要素：过程。因为所有的教学都必须以时间为序展开，都需要有一个过程，所以，我选择不把过程作为一个单独要素来讲，而是分别融入到知识、技能、态度的教学策略中讲述。

## 教学设计的核心是设计互动

很多老师在备课时把更多的精力花费在内容的讲述策略上，而我主张的以学生为中心的教学，老师应该花费更多精力设计与学生之间的互动，课程是互动的脚本而不是内容的堆砌。我有一个隐喻：好课程更像拉链。拉链的两边都是锯齿形，中间的拉锁一拉，两边就啮合在一起。很多课程设计的过程是由老师单方面完成的，因此课堂很容易被设计成以老师为中心的宣讲文稿。而课堂是一个互动的过程，老师和学生好比拉链的两边，要啮合好才行。

老子在《道德经》中讲道："万物负阴而抱阳，冲气以为和。"老师好比是阳，是主动的；学生则好比是阴，是被动的。课堂要阴阳相交，达到"冲气以为和"的境界。《易经》把乾上坤下定义为否卦，意思是天高高在上，地兀自在下，天地不相交，所以为"否"。今天有太多的课堂是天地不相交的"否"态。相反，坤上乾下为泰卦，天气向下，地气向上，天地相合，以降甘露，于是就"冲气以为和"，达到和谐的状态。

好课堂是拉链啮合的过程，也是师生合作的结果。课程开发中头等重要的工作是老师设计与学生之间的互动，根据人类认知的规律设计学

生知识建构的过程。借鉴迭代式开发的思想，我甚至认为，好课程是从一遍一遍的讲课过程中打磨出来的，因为讲课是真实的互动，没有互动就没有建构主义所理解的课程。

互动的目的无非两个：一是帮助学生建构个人版本的认知。老子说："吾言甚易知，甚易行。天下莫能知，莫能行。言有宗，事有君。夫唯无知，是以不我知。"这句话的意思是："我讲的道理非常容易理解，也很容易做到。可惜天下人就是不能理解，不能做到。为什么呢？每句话都有它的根源，每件事都有它背后的主宰。因为不了解这些根源和主宰，因而不好接受这些道理。"《道德经》是老子毕生经历的总结，五千字背后关联着老子一生的阅历和感悟。年轻人哪怕倒背如流，也未必真的理解，因为"言有宗，事有君"。

教学就是帮助学生用自己的旧知和经验去消化老师讲的新知，把新知和自己的旧知、经验嫁接在一起，新知才会有温度。学生只有把老师传授的知识和技能完全形成个人版本的认知，才有可能在实践中应用起来。我上课经常给学生讲："**如果你不能够把我所讲的新知跟你的旧知和经验建立有效的连接，这个知识就不属于你。**"知识要在学生的大脑里"折腾"一番才能真正属于自己。很多道理我们很早就听老人们说过，只是当时没感觉，完全不以为然，直到自己经历了，撞了南墙才幡然醒悟。"折腾"了，有切身体会了才完成自我认识的建构。二是帮助学生把知识转化成能力。孔子讲"学而时习之"，光"学"仍不足以达到使学生行为发生改变的目的，所以还要练习。知识不等于能力，知识的灵活运用才等于能力。老师要有意识地设计问题或者任务，调动并辅导学生运用新知解决问题或者完成任务，当堂完成"习"的过程。练习的目的是把意识层面的觉知逐渐转化成潜意识层面的自动化反应，其表现为习惯和直觉。

# 表现型目标与五星教学是绝配

如果表现性目标定义了教学的结果框架，五星教学就是典型的教学的过程框架，前者定义了"要什么"，后者定义了"怎么干"。双框架逼近是解决病构问题的基本策略。

第一个重要框架是结果框架，解决病构问题首要的工作是定义想要的结果，对期待的结果要有轮廓性的描述或者框架性的定义。就像找对象一样，虽然不能一下子确定对象具体的长相，却可以先有一个轮廓性的描述，如高富帅、白富美就是一种轮廓性的描述。

第二个重要框架是过程框架，或者叫实现路径框架。爱因斯坦说："解决问题所用的公式比结果还重要。"我经常说，遇到问题可以没有答案，但必须先搞清楚用什么样的方法和路径寻找答案，用什么样的流程和步骤逐步逼近我们想要的结果，用什么样的策略在课堂上实现表现性目标所描述的效果。这是过程框架的任务。

在教学过程框架的选择上我曾做过很多的尝试和研究，最后定格在五星教学。上过我的课或者看过我的书的朋友都知道，我很推崇五星教学。我对五星教学的掌握和应用显然已经到了可以无意识应用的自动化反应程度。五星教学是梅利尔教授总结了11位教学大咖的教学原理，经过交叉类比之后发展出来的。他把教学过程分为五个紧密关联的步骤：聚焦问题、激活旧知、论证新知、应用新知以及融会贯通。五星教学的理论部分在我的多部著作中都有论述，本书对五星教学的论述则偏重具体的实践和应用。

我对五星教学的推崇是因为五星教学非常符合建构主义的教学主张，它不仅能够确保学生的参与，而且让表现性目标的实现变为可能。

在教授知识的课堂上，应用五星教学框架能够把知识教学中的领悟和应用两大核心环节推进到理想的程度。我经常说，如果你的教学目标是表现性目标，那么五星教学几乎成为必然选择。五星教学的激活旧知环节就是为学生论证新知做的铺垫，而应用新知环节更是直白的知识应用，融会贯通环节既有应用后的再领悟，也有领悟升级后的灵活应用。

接下来我们要做的工作是把这两个教学策略贯彻到五星教学的过程中，为了让大家有更直观的感觉，我直接用两个课案来解析。

### ■ 实战课案：促人改变的三驾马车

无论教学内容是知识、技能还是态度，都需要有明确的表现性目标，再根据内容的性质选择教学策略，不同教学内容要有不同的教学策略。策略永远是原则性和指导性的，应用到教学实践中，需要进一步将具体的教学策略落实到具体的教学过程中。

老子说："图难于其易，为大于其细。天下难事，必作于易。天下大事，必作于细。"课程开发也要渐渐深入，层层递进。如何把知识的教学策略贯彻到五星教学过程中？先以我的课程为例：促人改变的三驾马车。这是我线下课中的一个教学单元，课程时长是半天，这堂课的教学走完了一个完整的五星教学过程。

促人改变的三驾马车属于典型的知识，论述了有效改变背后的三股力量：认知、情感、行为。这堂课的表现性目标：学生能够运用"三驾马车"分析自己经历的有效改变现象。具体到教学实践中，如何让学生领悟"三驾马车"？又如何让学生应用"三驾马车"解释现象？我邀请大家直接进入五星教学的教学过程来感悟一下。

## 1. 聚焦问题：如何才能促人改变

一上课我先跟学生们做一个热身小讨论：学习的终极目的是什么？最后得出结论：改变。不以学生改变为目的的教学都是耍流氓。继而再聚焦问题：怎么才能让人改变？促人改变的方法有哪些？改变背后的决定性力量有哪些？这几个问题的实质是一样的。问题其实是引发学生联想，激活学生大脑语义网络的线索，我称为在学生的潜意识里钓"经验之鱼"的鱼饵。抛出问题，老师就把课堂的主导权授让给学生了。所有学生都可以激活自己的经验进行思考。

## 2. 激活旧知：有效改变的背后究竟藏着什么

大家略做思考后，我就充当主持人引导大家做头脑风暴，大家很快会头脑风暴出很多观点。有人说要讲道理；有人说不仅要晓之以理，还要动之以情；有人说"行不言之教"，因为人天生就是模仿高手；还有人说要"胡萝卜加大棒"……风暴出很多观点后，我引导学生继续探索，因为无论哪种具体的方法都是时而有效，时而无效的。

大家很容易同意讲道理是促人改变的有效手段，但讲道理是有条件的，只有在对方虚心请教的时候才有效，给暴怒中的人讲道理只会适得其反。哪一个抽烟的人不懂"抽烟有害健康"的道理，可是他们为什么还禁不住抽烟，就说明讲道理只是促人改变的必要非充分条件，并非是时时都能奏效的手段。

继而讨论发现，其实有些人很难改变的原因不是无知，而是偏见。对偏执的人讲道理是个危险的动作，很容易遭到人身攻击。

再对偏见这一话题进行讨论发现，偏见之所以顽固是因为偏见背后附着了浓厚的情感，偏执的人根本不容别人论证，把理性思考直接屏蔽

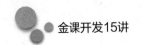

在外。在激烈的情绪状态下，再好的道理都是噪声。人们能接受并加工道理的频段特别窄，道理只能在人想听的时候讲。于是大家一起探索改变背后的第二个变量：情感。

接着，除了知识、情感，大家又探索出习惯的力量。比如，为什么烟民戒不了烟？还有一个直接的理由：习惯了。这个激活旧知的过程，就在我们的师生互动对话中发生了。至此，有效改变背后的三股力量就呼之欲出：认知、情感和行为。

### 3. 论证新知：走近内在的"三国杀"

充分激活旧知后就顺势架构出促人改变的三驾马车的三角模型，课堂的主导权又回到老师手中。论证新知环节不仅论述了为什么是这三者，进而延伸到"三脑理论"，并论述了这三股力量的关系。

比如，在我们的大脑里会上演一种游戏叫"三国杀"，三股力量都试图争夺对大脑的控制权。任何一股力量为独自促成改变所做出的努力都是徒劳的，至少要两股力量联合才能降服另外一股力量发生改变。当然，最理想的是三股力量的合理形成，这样的改变才不会使三股力量存在内在分裂。另外，外界力量也可以以蛮力作用在某股力量上从而强迫另外两股力量的改变，但这样做只会增加三股力量内在的分裂。

我还会与学生一起探究三股力量发生冲突的情境：认知和情感冲突，情感会占上风；认知和行为冲突，行为会占上风；行为和情感冲突，情感会占上风，并就情景用生活中的真实场景逐一佐证。再延伸一点，可以指出"三驾马车"最常见的固定搭配，如附着了浓厚情感的偏见其实就是态度，即有态度改变需要先把认知和情感的固定组合拆开，然后提升认知，再通过刻意练习形成新的固定组合。

用五星教学讲授知识的前三星是"为领会而教"，其目的是帮助学生建构对知识的专属理解。之所以说专属，是因为每个人的旧知和经验都是独一无二的，将新知编织在自己知识地图的方式也是独特的。在教学过程中，老师抛出有意义、有价值的问题，就是给学生大脑植入一个认知缺口，学生会本能地激发他们的旧知和经验，试图回答这个问题，师生共同研讨的过程就顺势进入了激活旧知的环节。等激活旧知有了充分的原料后，老师通过翻译、分析、归纳、总结等行为一点一点引导出新知，并展开多角度、更延伸的论证。

前三星的本质是老师有谜底但并不轻易揭开谜底，而是跟学生一起在收集很多经验碎片的基础上揭开谜底。而这个谜底恰是老师原本想直接传授的知识。老师用研讨的方式潜移默化地转移了知识的所有权。如果我一上来直接揭开谜底："告诉你们吧，促人改变的背后有三股力量，分别是认知、情感和行为。"老师高高在上地说教，学生不知所措，既没有与老师、同学一起参与的乐趣，也没有与自己以往的旧知和经验一起糅合领会的机会。

### 4.应用新知：用模型解释亲身经历

用五星教学教授知识的后两星是"为应用而教"。应用新知才是表现性目标得以实现的关键步骤。知识背得滚瓜烂熟，也未必能转化成能力。"为应用而教"就是让学生运用知识解释一些现象，解决具体问题。学生只有能够用知识解释过往的经历或事件，老师才有理由相信在在未来遇到类似的情境时，学生会运用知识解决具体问题。

只有真正领会的知识才会被运用，如果学生不能运用过往的情境领会，那么新知也不可能被应用到未来的情境中。因为激活旧知的环节充分激活了学生们脑海中的经验碎片，新知本来就是从情境中升华的，所

以应用到情境中去的难度就不大了。

在应用新知环节里，我会给学生一个任务：请用"三驾马车"的原理分析一个你亲历的发生改变的成功案例，或者你被别人改变，或者你改变别人，当然，分析一个失败的案例也可以。经过小组讨论，各组派代表以讲故事的形式汇报。有学生用"三驾马车"解释了自己成为羽毛球爱好者的过程，回顾了持续投入行动、情感和认知能量的具体细节。有学生解释了她的孩子喜欢学地理的原因，原来是特别喜欢地理老师，情感上爱屋及乌了，因为喜欢老师，所以喜欢老师教授的学科。其实这种现象很普遍，我会在汇报的点评中特别强调情感在学习中的特殊作用。情感是影响学习效果的最大变量，却也最容易被老师忽视！

应用新知就是让学生有意识地运用知识框架觉察自己的改变经历，也体味同学们分享的改变经历，有学生将此环节形容为"听别人故事，品自己人生"。学生听到的故事越多，对"三驾马车"模型的领悟越深刻，尽管故事情境千差万别，背后的原理却是同一模型，引导学生感悟这些，自然就把教学推向了融会贯通。

### 5.融会贯通：拓展应用和拔高领会

对各组汇报的点评以及所有组发言后的总评就是课堂上的融会贯通。逐一分析大家分享的这些鲜活的改变故事，不难发现，有的改变始于认知提升，有的改变始于情感刺激，还有的改变始于采取行动。从哪里切入似乎并不重要，重要的是形成三者相互促进的良性循环，并且让这个循环一直转下去。

在融会贯通中，老师的点评包括拓展和拔高。拓展就是做更野蛮的关联，学名叫远迁移，俗称跨界应用。我给学生讲"三驾马车"实际上是促人改变的第一性原理，无论是课堂教学、亲子沟通，还是工作沟通，甚至是追女朋友、推销产品，看上去做的事情不同，但试图启动"三驾马车"有效影响他人的本质是一样的。换而言之，只要是与人打交道的场景，没有"三驾马车"不起作用的时候。运用"三驾马车"原理能够使学生豁然开朗，甚至有迫不及待跃跃欲试的冲动。

拔高是指在解决问题的策略和方法基础上升华。既然传统教学效果不好，就要回归到教学的本质上来，找到教学的第一性原理，再试图改造现在的教学。这种策略和方法可以运用到任何领域。

以上分享了一个完整的用五星教学教授知识的真实课例。大家可以通过这个课案进一步体悟把"为领会而教"和"为应用而教"的两大教学策略贯彻到五星教学框架里的要领。

简单总结一下，五星教学的前三星是"为领会而教"，后两星是"为应用而教"。前三星帮助学生把新知整合到其个人版本的认知地图中，后两星指导学生应用知识解释现象、解决问题，并进一步帮助学生升华对知识的领悟，拓展对知识的应用。

### ■ 实战课案：无理数概念的授课

再分享一个简单的知识点教学的课案：无理数概念的授课。大部分学生脑海里的无理数概念都是老师用填鸭的方式硬塞进去的。用五星教学教授无理数的概念，就要带领学生回到先民在没有发现无理数之前遭遇困难时。

顺便提一下，知识大都是人们当年解决了实际挑战中遇到的问题之后升华而来的。所以，学科的基础知识都可以回到当初不具备该知识的情境中，带领学生再走一遍当年的境遇，尝试一起解决当年的难题，与

学生一起把解决难题的经验升华为知识。这样的教学才能让学生"知其然知其所以然"，领会知识的同时学习学科思维和解决问题的方法论。

### 1. 聚焦问题：正方形的对角线怎么算

课程开始时，老师引入：大家都知道古希腊著名数学家毕达哥拉斯，就是证明勾股定理的那位学者。他可是大名鼎鼎的数学家，门徒繁多，甚至成立了一个学派叫作毕达哥拉斯学派，该学派有一个重要的观点：宇宙一切事物的度量都可用整数或者分数表示。后来毕达哥拉斯的一个学生叫希帕索斯挑战他问道："边长为1的正方形，对角线的长是多少？如果用分数表示，是几分之几？"

### 2. 激活旧知：当年情境与悲催故事

很显然，对角线是在1与2之间的数，但到底是几分之几呢？老师可以激励学生试着回答。头脑里没有建立无理数概念的学生的ZPD水平和当年那些先民的ZPD水平是一样的，故此，把学生置身在当年的情境中，让学生来探索答案。

老师可以继续讲故事。当时毕达哥拉斯思考了很久都不能用分数表示$\sqrt{2}$，他又不甘承认，否则他的理论体系就会崩塌，权威受到挑战。这让毕达哥拉斯忐忑不安，他干脆下令封锁消息，勒令希帕索斯不再研究此事。希帕索斯非常痛苦，他认为$\sqrt{2}$是客观存在的，既然老师的理论无法解释，就说明这个理论是有漏洞的。

后来，他不顾一切地将自己的发现和看法传扬了出去，轰动了整个毕达哥拉斯学派。毕达哥拉斯恼羞成怒，决定杀死"叛徒"希帕索斯。希帕索斯听到风声后连夜乘船逃走，却被毕达哥拉斯派来的杀手在海上堵截杀死，抛尸海底。希帕索斯为$\sqrt{2}$的诞生献出了自己的生命。

### 3. 论证新知：重围无理数概念的诞生

老师可以引导学生推导论证。假如$\sqrt{2}$能够用分数表示，即$\sqrt{2}=\dfrac{m}{n}$，且$m$和$n$最多只有一个是偶数，因为同是偶数就可以被约分。然后，等号两边同乘以$n$，再平方：$2n^2=m^2$。这样看，左边$2n^2$必是偶数，要使等式成立，只能假设$m$是偶数，$n$是奇数。假设$m=2k$（$k$为大于等于1的整数），代入到上面等式：$2n^2=(2k)^2$，去括号并等式两边除以2：$n^2=2k^2$。这样看，$2k^2$又是偶数，要使等式成立，$n$只能是偶数。这样一来，与开始假设的$n$为奇数矛盾，所以假设不存在。

通过以上的推导论证，诞生了一种新的数，既不是整数，又不是可以用分数表示的数：无理数。新的概念由此引入。概念是高级抽象思维的结果，永远在不得不引入时被引入。老师是没有资格在不陪学生探索问题的情况下为学生抛出抽象的概念的。

### 4. 应用新知：走近无理数家族

无理数的概念得出之后，老师可以引领大家讨论$\sqrt{3}$、$\sqrt{5}$、$\pi$、$e$等无理数。甚至可以让学生尝试画图做一个长度为$\sqrt{5}$的线段。（一个直角三角形，两条直角边分别为2和1，斜边就是$\sqrt{5}$。）

### 5. 融会贯通：为追求真理的精神点赞

在无理数的教学过程中，老师可以引导学生讨论证明不能用分数表达的反正法，讨论希帕索斯为追求真理而挑战权威的精神，也可以讨论毕达哥拉斯为了捍卫自己的权威不惜掩盖真理，残杀生命的愚昧。科学永远是向前发展的，任何阻止其发展的努力都是徒劳的。

如果学生有这样的过程习得无理数的概念，那么，学生不仅知其概念本身、知其根源，还能学到重要的数学思维方式；不仅解决了问题，

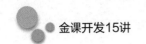

还激发了学生学习数学的兴趣；不仅学到了知识，还滋养了勇于探索求真的心灵。请问，有多少学生心目中无理数的概念是老师直接灌输的？又有多少学生心目中无理数的概念是老师带领其共同探索来的？

值得一提的是，知识总是被动运用的。除了课堂练习让学生运用知识，通常情况下，知识总是作为成分被运用于解决问题。所以，知识掌握的最高的阶梯叫作综合。所谓综合，就是将此知识与彼知识组合运用去解决复杂问题。单一知识点通常很难独立运用，这也是对知识的领会和应用提出的更高要求。太多时候知识作为基本素养是储备待用的，除了学习场景，我们平时没有太大必要煞费心思地琢磨知识该如何运用，只要领悟到一定程度，在遇到合适的场景时，知识就会冒出来助你一臂之力的。

## 知识的教学反思和学习提高

应用是对知识的最大尊重。通过上述两个实战课案的学习，各位老师可以尝试照葫芦画瓢地设计你的课程中部分知识的教学策略，尝试把你的策略从传统模式改造成五星教学模式，体悟一下新的教学模式在促进学生对知识的领会和应用上有没有显著的提高。

考虑到知识的灵活运用，老师值得思考一下：如何运用知识的教学策略提高自己的学习？教和学是一体两面的，学法和教法是相辅相成的。要教好学生，老师首先应该成为学习的典范。知识的教学中，用旧知和经验消化新知非常关键，旧知积累得越多，消化和吸收新知的能力越强。换句话说，知识的积累本身也是学习能力提升的一部分。理解知识学习的原理之后，自己看书、学习的过程中也要主动激活旧知，投入更多的精力进行"深度思考，野蛮关联"，持续提升自己学习知识的能力，加快知识的积累。

《道德经》有言："合抱之木，生于毫末；九层之台，起于垒土；千里之行，始于足下。" 知识的积累需要一个漫长的过程，所谓十年树木，百年树人，知识不能像拿着优盘在电脑里拷文件一样简单，知识积累的过程没有捷径。

有两个等式：$1.01^{365}=37.7834$，而$0.99^{365}= 0.0255$，这两个公式说明，如果每天进步1%，则一年的积累将是原基数的37倍多；如果每天退步1%，则一年的积累只有原基数的0.0255倍，两组结果的对比是非常令人震惊的。

另外，知识经常会在潜意识层面被综合运用，这一点非常神奇。我们在平时似乎并没有感受到读过的很多书、做过的很多事、总结过的很多经验被经常应用，可是到了关键时候，潜意识就会以某种神奇的方式将其激活并综合运用到解决问题中。

我的课堂风格基本是对话和研讨式的，我经常惊讶学生的某个偏门问题激活了在我大脑中沉寂多年的旧知这种现象，包括早年做软件开发应用的知识模型也常被激活，并野蛮关联地运用到领导力课堂。这对善于积累的人是很大的激励，功不唐捐，你的每一份积累和经历都可能在某一时刻、某一场景神不知鬼不觉地半路杀出，给你灵感，助你突围。

技能的迭代和
练习

第6讲

技能比较难教，也比较难学。但是技能学习的效果最直观，故技能教学的目标也很容易转化成表现性目标。技能教学最让人头疼的是老师可以教，学生却不一定能学会。从本质上说，技能大部分是学生自己学会的，很少部分是老师教会的。

　　技能的特性决定了教学必须以学生为中心，老师绝对不能把技能当成知识教。教学中最大的误区就是把技能和态度知识化，如果将技能和态度简单地当成知识教，表现性目标所期待的学生改变就不可能发生。

## 技能学习的五大过程

　　豪恩斯坦把技能掌握的程度也分为五个阶梯：知觉、模仿、生成、外化、精熟。第一是知觉，知觉是一个纯粹的认知过程，学生通过观察，初步了解所学技能的概况及要领，意识到学习该技能的价值、过程、要点及最终要表现的效果。学生是通过观察老师的标准动作演示对技能教学的结果框架产生直观感受的。

　　第二是模仿，学生有意识地跟随老师的动作领悟技能背后的套路。这个阶段学生脑海里还没有形成完整的套路，只是机械地跟在老师后面比画。其实，模仿中的大部分是无意识模仿，属于低级机能范畴。非人类灵长类动物的模仿能力超强，但这类动物只能做简单的技能，稍微复杂的技能它们就学不会了，认知脑无法掌握动作的复杂套路是它们学不会复杂技能的障碍。人可以做到无意识地模仿、有意识地觉察，边模仿边琢磨，让行为脑和认知脑在学习中协同作战。比如，一群中老年女性在跳广场舞，一位完全不会跳的陌生人好奇地加入阵列中，一开始他跟着前排的人模仿，时常动作失调或者跟不上节拍，但她会有意识地琢

磨，及时调整并主动匹配，经过几次模仿就学会了。

第三是生成，学生脑海中逐步发展出自己的套路。前面讲过，无论是技能还是态度，都有知识部分和反应部分。技能的知识部分就是套路。学习广场舞的人就是在反复的知觉和模仿中琢磨出套路的。生成的套路未必能够马上付诸行动，但脑海中必须生成个人版本的套路，这种个人版本的套路也可以理解为对技能的知识部分达到了领会的程度。

第四是外化。如果生成是认知行为，那么外化就是表现行为，也就是有意识地把大脑内生成的套路用动作展示出来。生成的表现性目标是能够用自己的语言表达动作的套路及要领；外化的表现性目标是能够按套路及要领展示动作。生成是内在的，外人不容易觉察，外化则是外在的，效果很直观。外化的效果对学习者而言是一种反馈，学生需要根据这个反馈优化迭代内在的套路，也就是回到第三步生成。所以，技能的学习需要在这几个步骤之间反复。其本质是认知脑、行为脑的相互磨合，技能的学习过程实际上是外在表现和内在生成协调一致、达成默契的过程。

最后是精熟。学生如果已经达到自动化反应的程度，过程中少不了大量的刻意练习。当他们最终达到精熟的状态，蓦然回首会发现，当初反复打磨的套路已经不重要了，因为自动化的反应已经不需要套路了。有人采访世界冠军："你怎么能够把这套动作做得如此行云流水？"世界冠军说："我只记得第一个动作是怎么做的，第一个动作做出之后，剩下的动作就自动完成了。"这说明技能的学习一旦达到精熟的状态，认知脑就基本不需要参与了，身体自己知道怎么做，四肢也拥有了智慧。

## 技能教学的基本策略

我把技能定义为能够付诸行动的认知，那么，技能的学习自然就可以分为认知部分的学习和行为部分的学习。从知觉到模仿再到生成，更多的是技能认知部分的学习，最终的目标是学生对技能的套路初步形成个人版本的建构。

用维果茨基的观点看，技能学习过程中个体间和个体内两种学习的分工协作最为清晰，即向老师学习套路是个体间学习，生产自己的套路并指导自己的身体做出动作是个体内学习。个体间的学，是知识的获得；个体内的学，是把知识转化为能力。技能学习的难点在于，把知识转化成个人版本的套路以及指导行为脑将技能表现出来。

比如，你要跟老师学习三步跨栏，学习的过程纯粹是认知部分的学习，你必须把从老师那里学来三步跨栏的步骤和动作要领转化为认知脑指挥行为脑的内部指令，这个过程实际上是自我教学。每个人的内在都有动物属性，我将其隐喻为"狗熊"。技能掌握的关键在于狗熊能够自动化地完成动作，达到精熟程度，也就是认知脑不需要参与，狗熊能够独立完成。由此看来，技能学习的本质是认知脑先跟着老师学习套路并生成自己的套路，然后再用自己的套路教会自己内在的狗熊完成相应的动作。总之，技能学习有两个关键，一是学套路，二是教狗熊。

由此可知，技能学习的难点在于从生成到外化，再到精熟的过程。这也是自己教自己内在狗熊学本领。每个人的内在狗熊只能听得懂自己的指令，正所谓"没有人是照着说明书学会骑自行车的"。说明书是标准的套路，无论标准的套路多么清晰明白，对学生而言都是指导性和原则性的，都不能直接用来指导内在狗熊。学生必须把学来的套路翻译成

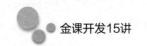

内在狗熊懂得的指令，内在狗熊才能把领会的指令用动作表现出来，进而通过刻意练习逐渐演变成无意识的自动化反应。这个过程需要不断地反复。

我用自己的亲身实践给大家剖析一下这个过程。我照着抖音中老师的视频学写毛笔字。抖音上有很多书法老师拍摄的很详细的边写边说要领的小视频，老师讲怎么逆风起笔、顺行、落笔、收笔，详细地介绍动作要领，似乎指导得很到位，感觉也不难学。我拿着毛笔，跟着老师的动作和讲解边觉知边模仿。遗憾的是，老师写的和我写的效果却是天壤之别！我一边欣赏老师作品的的英姿飒爽，一边望着自己画的"墨猪"兴叹。

这其中就涉及技能学习的台阶，简单机械地模仿并不能帮我写出好字，我的认知脑能听懂老师的每一句话，但翻译不成指挥内在狗熊的指令，没有生成个人版本的套路，仍然写不出好字。为了生成自己的套路，我除了听老师讲解，还认真地观察笔的走势和笔尖的形变，观察笔在纸上行走的细节，把我的观察和老师的讲解结合起来领会，才逐渐发展出适合自己的内在套路和动作指令。

有意识地带着套路表现就是外化了。外化的效果很直观，我可以根据直观效果的差异反思自己内在套路的问题，进而改进自己的套路。所以，反馈在技能的学习中显得尤为重要。当我的套路改进了，就再次外化，找出每一次的进步，将进步固化，再与老师的作品对比找差距，再次复盘，改进套路。

就这样，经过一系列生成、外化、反馈、迭代，逐渐实现内在套路和外在行动之间的协调。这个迭代过程就是认知脑和行为脑联动的磨合过程。技能学习中大量练习的目的就是提高认知脑和行为脑配合的默契程度，通过不断地相互反馈，行为脑按照认知脑指令做动作，认知脑又会根据行为脑行动的结果迭代指令。有一个"套路指导行动，行动迭代套路"的反复过程。

佛罗里达州心理学教授安德斯·埃里克森专门研究专业技能的获得过程。他发现：在某一个领域精熟的人，不管是小提琴家、外科医生还是运动员，学习方法都异于常人。他们会将活动分解为细小的动作，比如，连续数小时在雨中练习同一种击球动作，不断重复。每一次，他们都做微小的、几乎难以使人觉察的调整，逐步改进。也就是他们把复杂技能分解为若干项成分技能。很多复杂技能都需要若干项成分技能有机整合才能有综合表现。

比如，写一手好字的背后就有多项成分技能：字本身的笔顺和结构、每一个笔画该怎么写、每一个偏旁部首该怎么写、不同字放在一起的视觉效果等。王羲之练字的时候甚至在自然和生活中体验每个笔画的神韵。如果你能写一手好字，说明你的潜意识已经能够自动整合所有这些成分技能了。但是如果你字写得不好想提高水平，首先要诊断短板在哪项成分技能上。

再比如，弹钢琴背后的成分技能有五项：第一能识谱，第二能将谱子的每一个音符匹配到钢琴键上，第三找到琴键并根据音符的强弱调整按键力度，第四掌握合适的节奏，第五沉浸在音乐的氛围中并融入情感。

每项成分技能都需要长时间的刻意练习。从神经元联结的角度解读刻意练习，那就是，突触联结有长时程增强（Long-termpotentiation，LTP）的现象——在多次反复刺激后，神经元放电增强。反复刺激不仅导致突触结构变化，还会引起神经元放电频率的增强。反复的刻意练习实

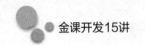

实在在地改变着大脑的物理结构，我们还可以这样理解，神经元的联结质量跟人们持续投入的能量正相关。每一个细微的动作经过反复练习才能逐渐被内在狗熊接管，形成肌肉记忆和自动化反应。

总结一下，技能教学的第一步是认知部分的学习，学生要有意识地把老师教的套路翻译成个人版本的套路。第二步是行为部分的学习，学生用个人版本的套路教自己的内在狗熊学习。因为**狗熊只能懂得自己的内在指令，而且个人版本的套路和指令系统要经过反复的打磨才会逐渐精准稳定，最后用稳定版本的套路再大量刻意练习才能最终形成自动化反应。**

有趣的是，当你学习技能时，无论在迭代完善自己的套路上下过多大功夫，倘若想再把这套呕心沥血学来的绝活传授给别人，你视若珍宝的套路也只是方向性、指导性的，因此你还需要用语言教学的方式帮助你的学生逐渐打磨出属于自己的套路。

天下没有免费的午餐，名师能让你少走弯路，却不能替代你成长，西方有句格言："无论你爷爷有多高，你都得亲自长高。"同理，无论你老师有多厉害，你都得亲自下苦功夫在实践中慢慢变得厉害。

## 技能教学的两大重点

从技能教学的基本策略可以看出，在技能学习过程中有两大关键任务。一是持续升级迭代套路，直到臻于至善；二是不断刻意练习，直到产生自动化反应。而这两大关键任务大多在学生的大脑内完成，缺乏学生强烈的学习意愿和持续的精力投入是很难实现的。

在技能学习过程中，老师能起的作用是有限的，这是学习的真相。

以学生为中心不是高调的口号，而是对学习规律的尊重。在技能教学中，老师能做的只有渐进促进：其一，助力套路迭代，给学生及时恰当的反馈和纠偏以助力学生升级套路。其二，辅导学生进行科学的刻意练习，帮助其把套路转化为行为。下面简单讨论一下老师这两大工作的开展要领。

## ■ 套路迭代：会反馈和纠偏的教练才是高手

学技能为什么容易放弃？因为应用新的知识是有意识的行为，常会因为不习惯而事半功倍，容易产生挫败感。面对不如意的效果，学生最需要的是情感支持和针对性反馈。所以，技能教学中老师最大的价值是给学生提供及时、恰当的反馈，从而促成其个人版本的套路。因此，老师自己会不会反倒不重要，能否给出有价值的反馈反而很重要，滑雪教练甚至可以教人打网球，游泳教练未必需要真会游泳。

先说反馈。很多老师给学生的反馈是基于动作本身的反馈，比如"你应该像我这样握手""你应该像我这样用肘部的力量""你应该侧身站位"等。这种直接基于动作反馈的本质是想越过学生的认知脑，直接指挥其内在狗熊。然而，狗熊只能听懂自己主人的指令。因此，老师基于动作本身的反馈没法帮助学生"生成"学生内在狗熊听得懂的指令。

老师的反馈必须以学生的行为结果为依据，只有通过对行为结果的对比分析，引发学生的反思才有效。举个例子：

教练："这个球没接住的原因是什么？"

选手："球速比我估计得快，也可能是我出手晚了。"

教练："怎么调整才能接住？"

选手："下次我出手早一点。"

教练："OK，再试试。"

此教练的反馈以学生的行为结果为依据，"没接住"是客观结果，用结果的差异引导学生自己寻找套路的不足，引导学生探索改进策略，从而起到促进其迭代套路的目的。至于学生迭代的套路是否有效，只能靠下一次的行为结果判断。

教练："你应该出手快点才能接住这种球，当球开始下落的时候再出手就来不及了。"

选手："哦。"（缺少自己的思考）

教练："再试试吧。"

选手："还是没接住。"

教练："跟你说多少次了，球开始下落时再出手就来不及了。"

针对行为结果的反馈，容易激发选手的探索性思维；针对动作本身的反馈，容易引发选手的防御性思维。人天生愿意自己探索，讨厌受他人指使，尽管人人都爱学习，却很难接受他人的颐指气使。

再说纠偏。中年人如果字写得不好，想重新练成一手好字，其难度比儿童零基础开始练好字要大很多。为什么？中年人已经完成了写字的多项成分技能的强化和整合，形成了固定的反应模式，而且每写一回字就强化一次固定的反应模式。写了半辈子字的中年人，已经把固定模式强化了很多遍，要想练成一手好字，不是盖新楼而是改造旧楼，中年人要找到影响其行为结果的成分技能，然后针对成分技能重新进行强化和整合。

有很多专业人士，因为对一两项很细微的成分技能掌握不到位而终究成不了大家。专业水平越高的人，学习往往越困难。因为他们的专业水平已经达到很高的造诣，能够给他们提出建设性意见的人已经不多，而且他们对自己的形象重视程度会成为他们虚心学习的障碍，因此帮专业人士纠偏是老师工作中最具挑战性的任务。

《中国好声音》这类节目其实有着很好的教育意义。每位参赛选手经过长时间的训练达到精通的水准，却有可能受一两项很细微的成分技能的缺失不能成为顶级高手。假如再给他们讲专业知识，无论是乐理知识还是发声技巧，无论是情感运用还是走场意识，对他们的进步都不会有实质性的贡献。在节目中，给选手指派一个导师，导师再带领一组选手形成战队。这样，每位选手就有机会在导师的指导下发现自己在演唱过程中存在的细微成分技能的缺失，并进行针对性的训练。这种方法，也许是达到专业水准后，选手持续提高的最佳方法。

《周易·系辞》中有句话："日新之谓盛德，生生之谓易。"从初学到娴熟的过程中最难能可贵的是永不满足地持续改进。其中一方面需要学生保持持续的上进心，另一方面需要老师与学生共同解决一个问题：找到制约行为结果背后的成分技能，制定针对性改进策略并刻意练习。同时，这种诊断常需要老师敏锐的感觉和深厚的素养。

## ■ 刻意练习：帮学生把套路显化为行为

前文讲过，复杂技能背后的每一项成分技能都需要刻意练习，学习技能需要长期持续进行套路升级和刻意练习。每个版本的套路都要通过刻意练习进行强化，刻意练习中遇到的难题又需要通过升级套路解决。我在大量实践的基础上提出了刻意练习的五个步骤。

第一，明确的目标。利用一段时间只攻克一项成分技能，这种举措是基于大脑的加工能力设计的。其好处有两点：其一，大脑工作记忆区

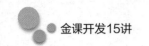

的负担不大，能保证足够的注意力投入。其二，套路升级前后的行为结果之间关系更直接，便于根据行为结果做针对性地调整。多项成分技能交织在一起的练习不仅因套路烦琐很难练习，而且不利于套路升级。因此，老师需要帮助学生分解成分技能或者诊断制约其整体行为结果的成分技能，帮助学生树立当下最重要且力所能及的刻意练习目标。

第二，有套路。只有带套路的行为才是可复制的行为。可以把套路理解为病构问题的解决方案，要定义起点和终点，明确关键步骤和动作要领，尤其是容易出错的关键点，所有关键点都需要学生在练习过程中特别留心。根据大脑短期记忆上限的原理，刻意练习中要特别留心的关键点最好不要超过七个，否则顾此失彼，增加练习过程的挫败感。

是否需要分解技能的一个重要条件是一套动作中重点、难点的数量。在技能教学中，尽管学生的套路是内在生成的，老师仍可以引导学生把他的套路大声讲出来，这个举措的两个好处也有两点：其一，学生在讲的过程中会有意识地检查其套路的合理性及连贯性。其二，讲给别人听的同时，也是讲给自己的内在狗熊听，让狗熊提前预习指令。

第三，恰到好处地走出舒适区。刻意练习意味着学生要有意识地与之前的随意对抗，要走出舒适区，难免会产生挫败感。走出舒适区的幅度不能太大，也不能太小。大幅度的行为容易失控，从而因强烈的挫败感陷入惶恐区，产生负面情绪；小幅度的行为达不到练习的效果，反倒是对精力的浪费。因此，走出舒适区的幅度要控制在技能提高的成就感略大于不适引起的挫败感。

在这个过程中，老师要善于观察学生的表现，当发现其挫败感大于成就感时，要及时干预，采取支持鼓励或者叫停修整的办法。当发现其挫败感的比例下降时，要适当增加难度。让认知脑的负荷始终处在合理区间，让情感脑始终处在略占成就感上风的状态。

第四，大量重复。重复的目的是强化脑神经回路，通过大量重复的刻意练习逐渐减少认知脑的精力投入，慢慢过渡到由内在狗熊自动反应的状态，重复的强度和次数要根据学生的精力状况定。教学中，老师要对学生的精力状况敏感，因为学生在精力不济的时候容易出错，而出错又会增加挫败感，引发负面情绪，使练习陷入恶性循环，这种情况下老师就要及时干预。

另外，一次性的大量重复不如多次的少量重复效果好。多次少量重复练习同一项成分技能，每次练习激活的脑区部分大致相同，被激活的脑区会获得更多的血糖和氧，那么，得到更多供血和供氧的脑区就会更好地发育，久而久之，大脑内在结构会发生持久性的生理改变。

第五，及时有效地反馈。老师需要及时纠正过程中的细微偏差，始终让学生保持用正确的方法套路做事，当做对时，老师要及时进行鼓励。关于反馈和纠偏前文已有足够论述，此处不再赘述。

大脑的可塑性是非常强的，唯有训练能拓宽大脑的适应性。尤其是对关键成分技能的训练，能够帮助普通智力的人有机会上升到"天赋异禀"的境界。结构化的思维能力、记忆能力、阅读能力等都可以通过刻意练习得以提高。看来，勤能补拙是有心理学依据的。

相反，**聪明并不能替代勤奋，再聪明的脑袋也需要大量的练习，养成将消耗脑力的思维过程变成自动完成的好习惯。**习惯可以帮助我们节省力气，为大脑腾出空间去做更多更重要的事情。当努力达不到一定程度的时候，天赋都派不上用场！因此我说"勤能补拙，智难救懒"。

# 技能学习过程中的幸福曲线

这一节我将分析一下学生学习技能的心路历程。只有理解学生的技能学习过程，才能根据学生的心理需要恰逢其时、恰如其分地给予指导和支持，达到事半功倍的目的。

学习其实是反人性的，意味着为了获得某项技能，人们选择忍受短期各种不适的痛苦，所以技能学习过程中要有足够的抗挫能力和延迟满足能力。欧洲工商管理学院教授J·斯图尔特.布莱克在他的《变革始于个人》一书中借助学习曲线生动地阐释了其中的道理（见图6.1）。

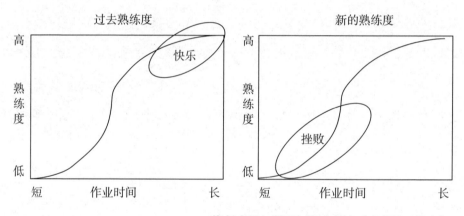

资料来源：斯图尔特.布莱克《变革始于个人》

图6.1　学习曲线

学习曲线指的是人们做某件事情的熟练程度随着作业重复次数（时间）的增加而提高。因为旧模式是经过反复强化的，所以人们沿用旧模式可以事半功倍，容易得到快乐的情感体验。可惜旧模式已经不合时宜，重复这种"熟练的无能"状态没有任何前途，而新模式需要从头学习，那么，从以前的舒适区到现在的挑战区，人们不仅要付出巨大的努力，还常常事倍功半，自然会有挫败感。学习新技能的心路历程有些跌宕起伏，这种心路历程被称为"幸福曲线"（见图6.2）。

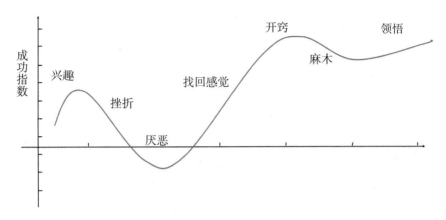

图6.2　幸福曲线示意图

最初，学生对掌握一项新技能充满期待、热情饱满，处于兴奋的状态。好比家长花一两万块钱给孩子买了一架钢琴，非常漂亮。孩子非常兴奋，梦想着用这台高雅的乐器演奏一曲，在向小伙伴炫耀琴技时志得意满的画面，甚至梦想将来成为一名钢琴家。短暂的兴奋后，孩子很快遇到挫折。练钢琴的孩子弹了一个月，手指都弹肿了，依然弹的曲不是曲，调不是调。孩子的挫败感与日俱增，觉得钢琴没有自己想得那么好学，需要付出的努力大大超过自己的心理预期。当学生感到掌握新技能的预期收益和当下投入的辛苦不匹配的时候，特别是当他们认为自己已经付出了很大努力，学习进展却不尽人意的时候，挫折感不可避免地随之而来。

挫折感的持续积累会逐渐发展为厌恶感。事实上，学习任何一门技能都会有一个厌倦期，比如学开车、学游泳。学钢琴的孩子到了厌恶期就想放弃，一旦孩子的意志力不坚强，放弃后也许就永远不会再学钢琴了。所以，处在在厌恶期的学生常常需要外力干预。

比如，当学钢琴的孩子想要放弃时，父母八成不会答应，父母会想：花那么多钱买来的钢琴，你说不学就不学了，这不是败家吗？因

此，家长会逼着孩子坚持下去。无奈之下，孩子只能心不甘情不愿地强迫自己练习，强忍着手指的疼痛和自己演奏的噪音，苦苦坚持。在苦练中逐渐摸索规律，持续进行"生成—外化—反思—再生成—再外化—再反思"的过程，持续迭代并发展自己的套路，逐渐找到弹钢琴的感觉。

功夫不负有心人，弹钢琴的孩子苦苦练习了一段时间后，终于有一天弹出一曲《牧童短笛》，虽然弹得磕磕巴巴，但总算会弹了，孩子终于感受到辛勤付出的回报，自然看到了学钢琴的希望。这种成就感会很大程度上减轻孩子练琴的痛苦，他甚至有资格在小伙伴面前炫耀琴技了。这个阶段是开窍阶段，孩子学钢琴的兴致再度高涨，如果继续练习，他就能弹出更多的曲子。

接着，孩子会觉得弹钢琴是一件既不费劲也不让人兴奋的事情，这属于麻木阶段。再练下去，孩子弹钢琴会慢慢演化为自动化反应，就像我们使用鼠标、键盘一样，是一件很轻松的事情。麻木阶段说明学生个人版本的套路已经固化，内在狗熊已经接管。麻木阶段之后更高的境界是领悟，如果学生能够把他自己的一些喜怒哀乐通过十根手指诉诸琴键，便达到领悟的境界。

幸福曲线揭示的是学生在学习过程中的心理动力及情绪起伏的规律，老师掌握了这些规律，就可以根据学生学习技能过程中不同阶段的心理以及情绪特点，给学生一些必要的心理干预和情感支持。我说过，好的老师不只把道理讲得透，更把学生的情绪照顾得够。学生往往先喜欢老师，再满满喜欢上老师教授的学科。

技能教学实战
课案与解析

第7讲

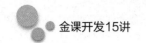
技能是能付诸行动的知识，老师先要帮助学生通过自己的认知脑和行为脑相互反馈，磨合出高质量的个人版本的套路，再指导学生通过大量的刻意练习把套路强化成自动化反应。前者是"学"，后者是"习"，两个过程相互反馈又相互促进地迭代进行。技能教学效果不佳的原因多在"学"和"习"脱节，简单地把技能知识化，以"学"代"习"。"学"仅仅是掌握技能的起点，"习"才是掌握技能的重心。知识仅仅是学习前的必要准备，付诸行动才是学习。本讲以技能类实战课堂为例，讨论技能教学策略在课堂上如何运用五星教学框架落地。

## ■ 实战课案：实战模拟的销售技巧课

销售技巧是典型的技能。作为案例，给大家介绍一门我早期主持开发的大型项目课程：策略销售。课程对象是给企业做销售解决方案的客户经理。表现型目标是课程结束后，学生能够运用课程所学知识评价销售项目的进展及质量，制定恰当的销售策略，并根据客户工作的反馈持续评价项目进展及质量，修订销售策略。

该课程以案例贯穿始终，我们模拟了一个大型项目的销售过程中两家竞争对手间博弈的全过程，把学生带到真实的销售场景中，经历项目前期、中期、后期以及最后竞标确定结果的四个阶段，每个阶段都给出一个具体的场景，由学生组成的临时竞标小组群策群力分析形势、制定销售策略及行动计划，继而各组汇报，老师点评。之后进入下一个阶段，各小组应用前一个阶段老师点评输出的新知和自己讨论的此阶段的策略，再次汇报，依次类推，形成一个典型的五星教学嵌套。

### 1. 聚焦问题：直面现实问题

每个小组扮演一个供应商，各小组间是竞争关系，每个小组都希望客户采用自己的解决方案。每个单元的聚焦问题实际上是分配一个具体的任务：各小组先介绍项目的基础信息及最新变化，再用研讨的方式分析竞争形势，制定销售策略和行动计划。因为模拟场景是学生几乎天天面对的大型项目竞争场景，各小组间又是现场竞标，加上销售人员本身好胜心强，所以学生的参与性很强，现场的气氛也很紧张。虽然人人讨厌说教，却很乐意用旧知和经验去解决现实的问题。

### 2. 激活旧知：群策群力制定方案

各小组群策群力分析竞争形势、制定赢得客户的销售策略和行动计划的过程，就是学生充分激活其旧知和经验解决问题的过程。在分析形势、讨论策略时，学生纷纷结合他们真实的项目经验给出建议，"某老总应该如此沟通""样板项目参观应该这般组织"等。在陈述理由时总免不了将目前的项目案例与他们实操过的项目比较，"这就是典型的某个项目的翻版""案例中的张总和某项目中的刘总是一路子人"。

可见，课堂上的项目案例是激活他们过去类似项目经验的线索。因为每个人都有切身的经验，所以在分享观点时大家都激情高涨，同时，分享期间难免产生很大的争议。但学生都能在这个过程中相互学习，在课程的最后，各小组用集体智慧整合出自己的形势分析、销售策略及行动计划，面向全班进行汇报。

### 3. 论证新知：点评中植入新知

对每个小组汇报的点评都是老师讲解专业知识及技能的机会。老师可以透过对小组汇报的点评，把销售策略和行动计划的核心要点讲解给学生，让学生从点评中了解其策略和计划有效或者无效的原因。

当然，小组间可以互评，老师通过交叉类比不同小组的策略让学生

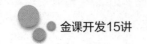

判断哪种策略更合适。比较后，老师可以综合各组发言再做一番拔高：根据项目进展的信息，讲授一些判断客户反馈意见和支持程度的指标和工具，以及制定策略的一般原则等。而这番拔高正是老师原本在课堂上要讲的知识、技能，学生运用这些知识、技能进入下一个阶段，制定下一个阶段的销售策略和行动计划。

### 4. 应用新知：运用知识、技能制定策略

应用新知阶段，课堂主导权再次交给学生，各小组运用所学的知识、技能，制定下一阶段销售策略和行动计划。在这次讨论中，学生们会有意识地运用新知技巧进行研讨，也会主动运用新知评估其他同学的分享是否可行。接着，各小组再次汇报各自的销售策略和行动计划，老师再次点评、交叉类比，讲授更深层次的知识、工具和原则等。

整个课程就这样以接受任务、研讨、汇报、点评、再次接受任务、再研讨、再汇报、再点评的方式以任务为线索串联，逐步让学生运用个人版本的套路制定策略和计划，在实战中体悟和掌握套路。

表现型目标是在每次小组汇报过程中透过学生的实际表现检验的。课程的内容不是由专业知识和工具组织起来的，而是以问题为线索组织起来的。老师用五星教学使学生进入解决问题的状态，并通过点评学生作业和帮助学生解决现实问题的方式给学生赋能。

### 5. 融会贯通：本质地理解销售

融会贯通是让学生拥有对课堂所学知识有更深层次理解和更广泛应用的能力。在课堂上，老师可以引导学生更深层次地理解销售知识，比如，只有客户深度参与和认同的解决方案才是方案；销售靠的是对人性的洞察和有效影响等。老师还可以再安排1小时让学生分享自己的所学对

目前的项目有什么样的帮助，应用到工作中应该做什么样的具体改变，以及如何更加灵活、广泛地运用所学知识等。

## ■ 实战课案：乒乓球扣杀技能教学

严格意义上讲，销售是一种策略性技能，是知识和技能的混合。接下来，我将分享一个我的学生使用五星教学的纯技能教学课案——乒乓球扣杀技巧的训练。表现性目标是学生能够运用扣杀技巧处理接球。

### 1. 聚焦问题：怎么样做扣杀动作

当课程开始时，老师可以先给大家演示几个漂亮的扣杀，让学生对整个动作有一个基本的觉知，觉知是技能教学的第一步。大家有了基本的觉知后，老师抛出问题让大家思考：球飞到什么位置适合扣杀？扣杀的动作要领应该是什么？使学生先依据已有经验和基本觉知进行讨论。这时，学生的脑海里并没有关于扣杀的一系列套路，但老师可以让他们头脑风暴一下标准的套路。在老师做完标准动作后，聚焦的不是刚才问题的本身，而是直接给学生下达一个任务，让学生轮流模仿他的扣杀动作。

### 2. 激活旧知：仿其然，思其所以然

在模仿老师动作时，难免有人模仿得像，有人模仿得不像。模仿像的学生思考像的原因，模仿不像的学生反思不像的原因。大家可以谈论自己的经验和教训，当然，教训的反方向就是合理化建议。学生们可以先共创扣杀的动作要领，总结出适合扣杀的位置、扣杀的时机、扣杀时的身体重心、双脚的站位、手腕的动作以及发力的方式等。

随后，老师以引导的方式总结出达成共识的1.0版本的套路。可能有的老师认为，在教扣杀动作时套路是现成的，激活旧知是多余之举。

我则认为，激活旧知有两个重要作用：第一，激活学生的大脑，尤其是启动学生认知脑和行为脑之间的对话，也是显意识和潜意识的对话。第二，让学生在模仿的时候碰点小钉子，从而使其大脑进入问题状态，这样老师再讲方法套路的时候学生会更加留心。

如果老师聚焦问题的形式是给学生下达模仿任务，那么激活旧知收集的就不是套路的知识碎片，而是学生表现的动作碎片，老师可以在点评每个学生的模仿动作时，视情况植入自己原本想讲的正确姿势的知识和套路，哪里做得好以及为什么这样做，哪里待改进以及为什么要改进。因为老师对学生动作模仿的点评是以课堂要教授的标准动作为依据的，所以每次的点评都为下一阶段论证新知铺路。

### 3. 论证新知：群策群力共创套路

学生共创套路式的聚焦问题，可以使老师通过点评学生共创的方式引导出正确的动作和套路；学生模仿任务式的聚焦问题，可以使老师通过逐一点评学生的模仿逐渐引出正确的动作和套路。之后老师再把对所有学生模仿的点评集中整合，几乎就是完整的套路了。接下来，老师可以系统性地详细讲述正确动作和套路，最好能结合学生模仿的表现来讲述，尽量让学生找到自己之前模仿效果不佳的原因，结合自己和同学模仿的具体表现，逐渐生成个人版本的套路。当然，前文也讲过，可以让学生逐一分享他们建构的个人版本的套路。

### 4. 应用新知：在行动中对话，在对话中领会

技能学习不能止步于套路的形成，那样学生永远学不会，因为一直坐在副驾驶是学不会开车的。能够说出扣杀姿势、套路和动作要领的人，不一定能够表现出来。技能学习的重心在于指导学生按照套路完成动作。所以，技能教学必须让学生做出表现，老师点评。用针对行为结

果反馈的方法指出新一阶段表现的进步与不足，促进学生反思迭代自己的套路。

在大班教学中，老师的精力可能不足以给所有同学及时、恰当的反馈，因此，在教学实践中可以把学生分为两人小组或者三人小组，让学生相互给出反馈，这样能够起到通过个体间对话促进个体内对话的作用，只要能够促进别人反思的反馈都是好反馈。当然，无论是提出反馈还是接收反馈，都需要有依据，而这个依据恰是学生内心建构的个人版本的套路。因此，学生相互讨论有利于不同个体版本的互相补充和融合。

强化练习阶段还可以采取以下的措施：老师不断地给学生传球，恰好传到适合扣杀的位置，让学生按套路扣杀，在练习中体味姿势和动作要领，同时，老师还要不断地给学生反馈。老师通过对学生行为结果的比较、反馈，帮助学生持续优化、迭代自己的套路。

### 5.融会贯通：指导学生灵活运用

融会贯通的标志有两个：自动化反应和灵活运用。前者需要学生课后通过大量刻意练习来实现。后者可以在课堂上进行，老师可以有意识地提高难度，故意给学生传远一点、旋转一点的球，让学生学会处理稍微复杂的非标准情况。老师也可以指导学生在扣杀时增加动作改变球的落点，增加对方接球的难度等。还可以在全班展开练习后的心得体会大讨论，促进全班同学个人版本套路的交换和融合。

## 灵活运用：技能教学的前三浪与后三浪

在乒乓球扣杀技巧训练的课案中，五星教学法的前三星给了大家两种聚焦问题的方式：问题研讨和任务派发。因为前三星的本质是知识教

学，那么新知可以通过收集知识碎片与建立学生共创的方式引导得出，这是纯粹的知识学习。还可以通过收集大家动作碎片，老师对学生模仿的点评的方式引导得出。把两种情况都讲一下的目的是让大家进一步领会前三星是知识教学的本质，体会技能教学中聚焦问题的不同。

我本人在技能教学中最常用的策略是以终为始地直接把表现性目标当作任务，接着让学生先无套路地完成任务，凭感觉做，老师通过点评学生表现的方式化整为零地引出正确套路，继而在详细讲解正确套路后组织学生进行刻意练习。到了融会贯通阶段，老师可以让学生比较前一次的无套路表现和后一次带套路表现的异同，再给出更进一步的知识帮助学生升级迭代自己的套路。

既然技能教学可以分为套路迭代和刻意练习两大重点，在教学实践中我直接把五星教学拆分成两段，每段教学又分为三个环节，我称为三浪教学。

### ■ 前三浪：套路共创与领会

技能教学尤其在标准化程度很高的技能教学中，老师可以直接把套路教给学生，但是老师需要了解的是，只有学生领悟的套路才能付诸行动，老师的套路永远是老师的。即便学生在操作套路时很成熟、很标准，他们也要通过深度参与将其转化成自己的内部指令，这样才能指导内在狗熊付诸行动。

这种做法就像在教学中老师先假装没有套路，只有任务，用任务把学生带入解决问题的模式，激活他们的旧知和经验共创策略；或者干脆让学生"八仙过海，各显其能"地独立完成任务，老师通过逐一点评学生表现的方式把标准套路渗透在点评中，最后把学生表现中的优点和老师点评给出的改进点加以整合，全班共识的套路就这样被"共创"出来，这个套路实际上也是老师原本想要以知识的形式讲授的套路。

这样教学的优点是让学生深度参与套路的共创，不仅有效转移了知识的所有权，更重要的是，便于学生在共创过程中领会套路。因此，前三浪的第一浪是老师下达任务，让学生联合解决问题或者独立完成任务；第二浪是老师参与学生解决问题的过程或者对学生表现逐一点评；第三浪是老师引导学生"共创"出统一版本的套路。

### ■ 后三浪：刻意练习与反馈

后三浪是标准的刻意练习过程。刻意练习首先要有明确目标和套路，那么，后三浪的第一浪就要让学生明确目标、复述套路。复述套路不仅是分享给同学们听，让同学们帮忙确认，更是说给自己的内在狗熊听，算是付诸行动前的口头彩排。第二浪是让学生各自做。这个环节中反馈和纠偏最重要，老师可以观察学生的表现给出适当的反馈和纠偏，也可以组织学生相互反馈。第三浪是全班讨论，每个学生带着刚刚练习的感觉参与到讨论中，有感受的谈感受，有问题的提问题，老师引领大家做升华拔高或者拓展应用的互动。在升华拔高过程中又有可能优化迭代套路，这样就和前三浪衔接上了。就这样一直前三浪接后三浪，后三浪又接前三浪地迭代下去，每一次迭代都有新的认知增量和练习增量，直到学生都能娴熟地掌握技能。

## 技能教学的四大"岂止"

关于技能教学，还有不少奥妙是必须提出的。这些奥妙甚至不需要语言表达，奈何书籍只能以语言文字为载体，就只好用语言描述一些不

好言传的奥妙。

## ■ 岂止讲授，更要引爆"心悟"

古人说："言不尽意"。语言永远不足以把技能的套路描述得淋漓尽致，老师传授的套路永远是方向性、原则性和指导性的。有效的学习一定是有意识的学习与无意识的学习有机结合的结果，学生最终使用的套路是显意识和潜意识整合的套路。

老师传授的部分仅仅是能用语言表达的部分，还有一部分是不能用语言表达的部分，叫作潜意识套路。更深入点讲，技能教学中，总有一部分是可以用语言传授的显而易见的套路，另一部分是老师没法用语言传授却是获得成功关键的潜意识套路，这部分就要靠学生的模仿和领悟。其实还有一部分，那就是学生在掌握了基本套路后，根据自身特质和条件创造性地发挥，发展出自己特色的独门套路。

《庄子·天道》记载了轮扁与齐桓公讨论学习技能知识的小故事。

桓公读书于堂上，轮扁斫轮于堂下，释椎凿而上，问桓公曰："敢问：公之所读者，何言邪？"公曰："圣人之言也。"曰："圣人在乎？"公曰："已死矣。"曰："然则君之所读者，古人之糟粕已夫！"桓公曰："寡人读书，轮人安得议乎！有说则可，无说则死！"轮扁曰："臣也以臣之事观之。斫轮，徐则甘而不固，疾则苦而不入，不徐不疾，得之于手而应于心，口不能言，有数存乎其间。臣不能以喻臣之子，臣之子亦不能受之于臣，是以行年七十而老斫轮。古之人与其不可传也死矣，然则君之所读者，古人之糟粕已夫！"

轮扁这种"得之于手而应于心，口不能言"的隐性技能才是"冰山以下部分"。

提西摩·加尔韦在他的《身心合一的奇迹力量》一书中讲了一个故事。

教练教学生打高尔夫球，有一个动作学生总是做不到位，教练怎么反馈指导都纠正不过来。最后，教练把他拉到了一面大镜子前，辅导他摆了一个标准的姿势，并让他保持不动。教练说："记住镜子中这个标准的姿势就好了。"不久后，学生莫名其妙地学会了，他自己也不知道是怎么学会的。

这说明，技能掌握是有意识的学习和无意识的学习合作的结果，能用语言表达出来的套路仅对有意识的学习有帮助，无意识的学习走的是另一条通路。"下学可以言传，上达必由心悟"，可以"言传"的下学仅仅是个引擎，只有启动了"心悟"的上达过程才能促成灵活应用和创新发展。因此，技能教学中老师的责任不只是告知，还要引爆学生的"心悟"过程。

### ■ 岂止练习，视觉想象也能收到实效

查尔斯·都希格在他的《习惯的力量》里详细地介绍了美国游泳名将迈克尔·菲尔普斯的教练鲍勃·鲍曼在早晚时间教菲尔普斯如何利用视觉想象手段"训练"游泳。

每天早上醒来和每晚入睡前，菲尔普斯都会想象自己跳进游泳池后完美泳姿的慢动作。他会把自己催眠，想象自己在水中划臂，触到池壁后转身和冲线；想象身后的水痕，嘴巴划过水面后从嘴唇滴落的水珠，强到似乎要扯走他泳帽的水的力量。他就这样躺在床上，闭上眼睛，"看"完整个比赛，一遍遍地"看"最小的细节，直到他用心记住每一秒。

运动员的培养已经普遍开始采用视觉想象的办法，视觉想象非常有

助于改进复杂动作。研究发现，当运动员用视觉想象一套动作的时候，他的肌肉几乎会做出同实际训练一样的微弱反应，虽然这些反应是微弱的，但对于以后提高运动成绩的帮助很大。很多运动员在做一套动作的同时都会进行一次整套动作的视觉想象。**视觉想象有助于形成大脑的隐形记忆和肌肉记忆。**

### ■ 岂止表现，大脑结构也能持久改变

现代心理学有一个很能说明问题的实验。实验对象是那些学习盲文的盲人学生，学习盲文要刻意练习触摸那些凹凸不平的盲文小点。盲人刻意练习摸盲文会使食指的大脑反射区变大。

研究者每天都检测盲人学生的大脑反射区。每周从周一到周五，盲人学生都在练习用食指触摸那些凹凸不平的盲文小点，研究者因此每天监测大脑内对应的食指反射区变化。研究发现，食指反射区从周一到周五，每天都会因为学生的练习而变大一点。

研究者要求盲人学生周末休息两天，不能接触盲文。周末之后，周一再次检测食指反射区，研究者发现，周一检测的食指反射区的增量又缩回去了，变得跟上周星期一的大小差不多。难道说一周的刻意练习白练了？

研究人员继续检测，发现从周一到周五食指反射区又逐渐变大，周末休息两天，新的周一检测的结果又是增量缩回。研究者把周一检测的脑图称为周一地图，周五检测的脑图称为周五地图。

研究者坚持做这样的检测，最后发现，六个月后，周一检测的食指反射区才开始逐渐变大。十个月后，研究者给盲人学生放两个月的假，放假回来再检测他们的食指反射区也没有缩回，这说明学习盲文的技能

已经固化成为自动化的反应。**大量重复的目的就是帮助学生在大脑内形**
**成周五地图。**

### ■ 岂止学生，老师也在教学中受益

老师在传授技能的过程中，也会带着很多连自己都没有意识到的隐性
技能。就像抖音里边说边写教毛笔字的老师一样，身上一定有不能言说的
套路，正因为那部分套路不能有效传授，学生才写不出老师的效果。

如果是线下的课程，学生可能反过来问老师："为什么我要这么
做？"这个问题就会促使老师有意识地思考："对呀，我为什么这么
做？"也许老师也说不出原因，只是曾经看他的老师这么做。而学生的
提问，会让老师思考这么做的真正原因，让老师有意识地用自己的思维
加工自己的行为。这其实是隐性技能显性化的重要途径，即老师教学生
技能的同时，学生用提问的方式帮助老师将其隐性技能显性化，这就是
一个教学相长的过程。

我甚至认为，如果老师不能有效地将自己的技能传授给学生，就说
明自己对技能的掌握还没到融会贯通的程度。老师也要善于借助学生的
提问，借助指导学生的机会，把隐性技能显性化。另外，非常重要的、
却没有被老师显性化的复杂技能，给人的感觉就是很难掌握的技能。我
认为，很难掌握的技能背后必有一些没有显性化的隐性技能，其值得在
教学中持续提炼。而传授技能和提炼方法是相辅相成的两件事，可以同
步进行。

## 学以致用：阅读技能的刻意练习

教和学是一个硬币的两面，老师不会用技能学习的原理提升自己的

学习力，当然也不会用其教学生富有成效地学习技能。下面以阅读能力为例，简单分享一下运用技能学习的原理提升阅读能力的刻意练习。

人类的文明史只不过数千年，而阅读并非大脑进化好的、生来就预置的本能。大脑并不是为阅读而设计的，阅读过程需要有机地整合大脑多个独立的神经系统的功能。看似轻松的阅读，背后却有着非常复杂的心理过程。在阅读过程中，人们不但要根据印刷文字的形状匹配文字的语音，还要快速地找到文字的意义，把文字的形状、语音和意义三者准确地匹配起来，并结合上下文理解整句或者全文的意思。整个阅读的过程是大脑多个独立的神经系统的综合运用，需要多个器官的完美配合才能完成。

因此，阅读能力的形成需要大量的练习，不仅要训练阅读所需的多个神经系统的功能，而且要将各个神经系统的功能在阅读过程中进行有机整合。小学生阅读多用默读，内心要读出每个字的读音，成年人阅读则不需要默读。阅读外语时通常要读出声音再思考其意思，阅读母语则不需要这样。这些现象都说明，阅读能力是需要后天持续强化练习的。

阅读背后的成分技能很多。第一是视觉加工。大脑的左侧颞顶区有一个区域，叫视觉词形区，这个区域对字母和单词能够做出选择性反应。视觉词形区把视觉神经系统跟语言神经系统（颞上沟）连接起来，是快速辨认字词的生理基础。

第二是听觉加工。即便默读，听觉系统也参与了阅读过程，大脑语言神经系统的语音加工区会在阅读过程中被激活。比如，读到"沆瀣一气"时，即便知道该成语的意思，但如果不知道"瀣"的读音，也会产生阅读障碍。显然，建立和强化阅读所需的特殊语音系统是提升阅读能力的又一个关键。

第三是视觉和听觉的整合。在阅读过程中，人们需要把视觉加工的字形与听觉加工的语音对应起来，这是单词解码的过程。人们能够根据语音写出字形，也能够根据字形读出语音。语音与字形的连接映射机能也需要较长时间的专门练习。

第四是语义加工。在阅读过程中，大脑语义网络和图式都会被激活。大脑对不同的概念是以使用语义网络的形式存储的，而每个概念又都以图的形式来组织。当你阅读到"张三开车去餐馆"时，"开车"一词会激活大脑中关于驾驶的动作脚本，"餐馆"一词会激活大脑中关于餐馆的典型图式：服务员、餐桌、菜单、主食、饮料、账单等。

第五是理解过程。阅读的目的是与文章内容建立有意义的连接，阅读过程是读者与文章内容之间的互动过程。读者只有最后通过与文章内容的互动，才能形成对文章的理解。阅读过程中伴随着读者把文章内容与自己的旧知和经验连接的过程。这一系列的复杂加工过程几乎囊括了所有的高级思维活动。

**看似轻松的阅读却是一件非常复杂的综合性脑力活动，背后涉及非常复杂的多种高级思维活动的配合，因此阅读能力的提升，需要长期的坚持训练。**练习阅读和练习盲打类似，功夫下够了，这些复杂的高级思维活动会自动整合。阅读能力的提升是一个循序渐进的过程，从看图识字到拼音阅读，从逐字朗读到阅读，再到检视阅读，每一步都需要大量的练习。好消息是，**大脑的自动整合一旦形成，人们不仅不会感觉到阅读的辛苦，反而会享受阅读带来的无限乐趣。**

阅读过程中的成分技能，先要提升的是视觉加工能力。视觉扫描策略很重要。当你阅读一行字时，视觉中心会有两到三次的转移，而每次视觉中心的转移都要覆盖十多个字，伴随着视觉中心的转移，眼睛的余

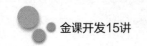

光还会兼顾到下一行的部分文字信息。我不会逐字阅读，而会通过视觉中心的三次转移所关注的重点词汇来建构整句的意思，如果没读懂也不会返回去重新读，而是等读完整段再试图结合上下文理解整段的意思。

我经常开玩笑地说："隔一个词读一个词，甚至隔一行读一行，偶尔还可以整段跳过。这样一来，阅读的速度可能是以前的四倍，读完一本书只需要以前1/8~1/4的时间，但获取的信息量是逐字逐句阅读的一半以上。"毫无疑问，这种阅读方法的投入产出比更高。

阅读多了你会发现，并不是所有段落包含的信息量都是一样的。一般段首、段尾，页首、页尾比较重要，而且在核心观点前，一般会有"认为""所以""总之"之类的词语。阅读出感觉后，书上的重要信息就会自动往你眼里跳，甚至第六感也参与到阅读中。

更重要的是，快速阅读能够给人很好的连贯性和成就感，让人思路不被打断地掌握一本书的大概内容。读书跟微信中"微信运动"的功能一样，需要看板管理，所以，页码的进展跟步数的进步一样，对人们有很大的激励作用。

另外，不动笔墨不读书。在看书时手上拿一支笔，随时标记关键信息，看到特别好的词句还要重点批注，顺手折页。阅读一本书后，把书合上像过一遍电影一样回味一遍，或者返回去快速回顾那些折页重点。大多数时候，我会在书的最后一页空白纸上为我标注的重点内容建立一个索引。比如，"P95，视觉词形区"，提醒自己该内容在书中的位置。

如果明天我要讲课，隐约觉得要引用十几本书的内容，我就会把这十几本书都找来，直接翻到每本书的最后看当初建立的索引，找到可能要引用的知识条目，然后直奔主题。这样，我把十几本书翻完也只需一两个小时。

有人说我这样读书有囫囵吞枣的嫌疑。我认为，现代人写的书不像古文那样字字珠玑，不容囫囵。因为现代书的信息量实在是太大了，花尽可能少的时间掌握每本书的大概内容也就够了，掌握大概内容总比读读停停最后放弃要好。再说，如果匆匆读完之后，发现这本书确实写得很好，还可以读第二遍、第三遍，甚至精读。

这种方法固然不如逐字逐句读得仔细，难免有信息遗漏，但是投入产出比高。更何况，很多书的核心观点既不多，又经过作者的多次强调。如果你已经把握了核心观点，漏掉那些反复强调、不断渲染的细节也无伤大雅，不会影响你的理解。

快速阅读需要较长时间的刻意练习。越练习，读书的感觉越好，效率越高，其实任何事情都如此，写书也一样。

# 态度的形成、强化与改变

第8讲

态度是习得的内在状态，可以说态度无所不在。外在表现只是"冰山以上部分"，内在状态才是"冰山以下部分"。做什么都需要好的态度，教什么都先是态度教学。本质上，所有的教学后台都是态度教学，前台都是知识教学。态度教学的本质是情感教育，是教学中最难却最重要的。

我们说态度是附着了浓厚情感的认知，表现为不假思索的情感反应。加涅把态度定义为："一种影响个体对人、物、事的行为选择的内在状态。"态度背后必有信念系统，即回答有关"为什么""凭什么"的知识，走的是"分析—理解"通路。态度背后还有情感系统，即教学过程中长时间的学习感受，走的是"体验—感受"通路。用说教的方式使人态度改变是南辕北辙的做法。

## 态度教学目标分类及核心策略

凡是想改变一个人内在状态对事物看法的教学都是态度教学，比如，企业文化、思政教育、教练技术等，它们的本质都是态度教学。态度教学很容易演变成说教，所以我认为，教学中最大的误区是把技能、态度简单地当知识来教。试想，即便员工把企业的使命、愿景、价值观背得滚瓜烂熟，其态度也未必发生改变。技能教学中知识不是重点，重点是自动化的行为反应，同样的道理，态度教学中知识也不是重点，重点是自动化的情感反应。

### ■ 态度背后的五个阶梯

豪恩斯坦把态度形成按程度分为五个阶梯：接受、反应、价值化、信奉、性格化。第一个阶梯是接受，接受是指学生能够接受某件事物或

者某个观点，虽然比单纯的理解多了一点情感倾向，但是有很强的被动意味，属于感兴趣但不兴奋、可接受但不积极的状态。

第二个阶梯是反应，反应开始有明显的倾向性，有明确的支持或者反对的立场，旁人也能从语言中感受到欣喜、愉悦拟或不满、讨厌的情绪状态。

第三个阶梯是价值化，价值化是对事物的意义、价值表现出明确的主观立场，表达出"喜爱"或者"讨厌"这种明显甚至强烈的情绪反应，而这个反应是主观价值评判的结果，换句话说，是认知脑主导，价值评判驱动的情绪反应。我认为，接受、反应、价值化都是认知脑主导，情感脑随着认知脑的认识和深化唤醒反应。接受代表不反对也不兴奋，反应代表开始显现情感倾向，而价值化代表有明确的立场。

第四个阶梯是信奉，信奉是逐渐过渡到由情绪主导的状态。价值是认知脑思维评判得出的结论，因为觉得值，所以尝试，尝试后果然有效果，大脑内部的愉悦回路就形成了，释放了多巴胺。如果每次尝试都有同样的效果，愉悦回路被持续强化，似乎价值评判逐渐被感受替代，"分析—理解—决策"的有意识思维过程逐渐被"体验—感受—决策"的无意识反应过程替代，思维评判的结果成为不假思索却深信不疑的信条，态度就从价值化发展到信奉。

第五个阶梯是性格化。性格化比信奉还要再进一步，指的是人们总能够把某种态度无意识、自动化地表现出来，这类态度像长在人的身上一样成为其人格的一部分。

由态度教学目标分类得出态度教学的核心策略，我认为还是两大策略：认知主导情感为辅的价值化过程及情感主导认知为辅的逐渐隐退的信奉过程，也就是态度之知识部分的教学和态度之情感附着部分的教学。认知主导情感的部分依然为知识的学习，而情感主导认知的部分则需要创造沉浸体验，停止思考，专心感受，熏陶的方式更好。

### ■ 从接受到价值化策略

价值化是思维评判的结果。马克思·韦伯说："人是活在自己编织的意义之网上的一种动物。"意义是思维的产物，人们可以用思维将事物赋予意义，赋予的意义多了，价值就大了。赋予意义是思维过程，思维实际上是内在对话。我经常说，内在对话是意义发生器，人们正是用内在对话的方式探求价值，赋予意义。

弗里德里希·威廉·尼采说："知道'为什么'的人几乎可以克服一切'怎么样'的困难。"维克多·埃米尔·弗兰克尔说："一旦找到意义，痛苦将不再是痛苦。"这些观点都解释了赋予意义的主观思维本质。生活中发生的事情相对客观，但不同人对其赋予的意义不同，因此态度就不同。

泰勒·本-沙哈尔认为，幸福等于快乐加有意义，而意义本就是主观思维加工出来的。有趣的是，我对事情的态度必须由我本人经过思维赋予意义的过程，别人赋予的意义对我来讲毫无意义。

态度教学宣贯无效的原因就在这里，老师不可以把自己赋予的意义直接强加给学生，而是引导学生思考，激活其内在对话，让其结合自己的旧知和经验赋予属于自己的意义。**思想是思维的产物，要想改变人的思想，最好的方式是使其用同样的思维得出同样的结论，而不是把自己思维的结论强加给别人。**

### ■ 从价值化到信奉

如果价值化是在大脑内建立了"认知—行为—情感"的愉悦回路，

那么信奉就是在实践中反复验证和强化这个愉悦回路的结果。当人们屡试不爽时，态度就会逐渐从价值化发展到信奉。信奉就是愉悦回路反复被强化验证的结果，每次的验证，大脑内都会释放多巴胺，释放得多巴胺越多，也意味着情感附着得越多，所以态度都是多巴胺积累起来的。验证态度是否为信奉的方法也可以透过学习者的表现，测试其情感附着的程度。

比如，有一名学生平静地说："田老师的课讲得真好！"这可能是价值化的反应，价值评判的结论。另一名学生激动地举起拳头说："田老师，你的课讲得实在是太好了！"通过语音语调和肢体语言就可以看出他给语言中附着了浓厚的情感，是信奉的反应。

如果检验知识掌握的程度需要考查学生"说什么"，那么检验态度形成的程度需要考查学生"怎么说"。同样的语义，却有不同浓度的情感附着，这说明了态度的检验要感受行为表达背后的情感浓度。

还有一种验证态度的策略我称为逆向刺激。如果有一名学生评价："田老师，你的课讲得太差了，简直一塌糊涂！"另一名学生愤怒得反驳道："你根本就不懂田老师，你才是胡说。"看得出，后一名学生的表达带着浓厚的情感，甚至是一种不假思索、口不择言地反驳，其对我支持的态度也达到信奉的程度了。因此，当一个人的态度一旦达到信奉的程度，以三寸不烂之舌讲道理的方式是不会使其态度发生改变的。

态度是自动化的情感反应，虽然形成过程中包含认知部分，但当认知被浓厚的情感附着后，即便当初的认知有明显的偏见，也不会轻易被说服和改变。《大学》有言："人莫知其子之恶，莫知其苗之硕。"意思是人们看不到自己儿子身上的恶习，不觉得自家禾苗比别家硕壮。这说明，浓厚的情感附着到明显的偏见上，从而屏蔽了理性的思考能力。

情感的问题必须在情绪状态下解决，试图用讲道理的方法解决情感的问题简直是南辕北辙。我经常说永远不要给情绪状态下的人讲道理，也是这个原理。讲道理只能针对态度的认知部分，一旦发生情感反应，人们理解道理的大脑机能就会被屏蔽。情绪不能恢复平静，道理是听不进去的。

在教学实践中，想让学生的态度达到信奉程度有两个很重要的策略。一个策略是不断地促进学生沉浸体验，强化愉悦回路，促其反复释放多巴胺，多巴胺积累到一定程度，态度就达到信奉程度。

另一个策略是促进学生将其情感经历与新知建立起关联，这个策略更高效。尽管学生不能亲自沉浸体验，却可以激活自己浓厚的情感经历，用新知重构自己对之前情感经历的理解。学生会感觉到："我之前屡屡碰壁的原因，原来是不懂这个道理，当时如果懂得就不至于吃那么多苦。"这就是让学生用其过往真实浓厚的情感经历作为新知背书，消化新知。

为自己的经历赋予意义似乎是一种心理本能。史蒂夫·乔布斯在演讲中说："你的每一份知识积累、每一段生活经历都在塑造现在的你。"显然这个结论是他回首往事时把经历点连成线，人为赋予意义所得出的。使学生运用新知重构其情感经历的思维本能，是一个不错的情感教育的野蛮关联策略。

### ■ 从信奉到性格化

性格化比信奉更进一步，是在长期强化的愉悦回路基础上加上无意识的主动表现。这个阶段已经不需要刻意提醒就能自然而言地表现成某种样子。如果从价值化到信奉需要持续注入情感能量，从信奉到性格化

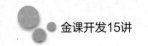

就需要注入行为能量，即把价值观融入生活，将其行为化。

《易经》云："圣人久于其道而天下化成。""化"需要长时间地坚持，习惯成自然。一个人只有长期坚持自己的风格，才能活出自己的风格，组织也一样，只有长期坚持自己的风格，才能成为一个有风格的组织！

从能量的角度看，知识、技能、态度的习得过程其实都是吸引学生不断地投注其生命能量的过程，知识、技能、态度的区别只是投注能量的顺序不同。知识学习先投入认知能量。技能学习先投入行为能量，达到精熟程度后，再投入情感能量。态度学习先投入情感能量，达到信奉后再付诸行为，即投入行为能量，表现出性格化。

其实所有的学习都需要认知、行为、情感三种能量均衡地、不断地定投，也就是需要三脑联动，即"点滴收获都是学生自己折腾的结果"。学习在大脑内反映为建立有效的神经元，所以没有捷径可走，再聪明的人也要下笨功夫。蒲松龄说："憨为慧之极。"憨厚才是智慧的极致表现，看似最笨的路才是最简洁的路。

## 态度教学的认知重塑策略

态度背后的信念是关于"为什么"的知识。从接受到价值化的教学可以理解为态度认知部分的教学，但此阶段的学习多是对旧观念的重建，而非新知识的学习，更像旧楼改造，而非盖新楼。这就决定了其教学策略与纯知识教学策略的不同。

其实每个人都有自己独特的思维方式，就像数据库一样，数据库可以细分为很多种，如知识数据库、感觉数据库、情绪数据库，甚至还有形而上的原型数据库。恰是因为思维方式、旧知和经验的不同，即算法和数据的不同造成了人与人之前态度的差异。因此，态度认知部分的教学就要从各人不同的算法和数据入手。

### ■ 数据重构：检验假设与信息填充

假如刚认识的朋友约我一起吃饭，说好中午12点见面，结果到下午2点我还没露面，给我打电话也不接。请问，朋友对我有什么看法？大概率是：这人太不靠谱了。但是，朋友只知道确定的结果是我约会迟到，并不知道我迟到的原因。于是，他会根据自己的常识猜想："这家伙去哪儿了？是不是有意给我摆架子？重色轻友见女朋友去了？还是遭遇了不测？"

每个人会根据自己的心智算法和经验数据有不同的猜想，再把感受到的信息和可能的猜想整合在一起判断，从而刷新对我的印象以及态度。人们不可能洞察到全世界的信息，大脑对自己不知道的信息会本能地依据自己的旧知和经验、思维和习惯进行猜测，从而试图对眼前发生的事情进行合理的解释，否则就会产生认知不和谐，产生焦虑的情绪。罗伯特·B·西奥迪尼的《先发影响力》一书中有一个核心主张就是通过影响受众的联想方向影响受众的决策。

到了下午2点多，我风尘仆仆、衣履不整地赴约，脸上还"挂了彩"。看到朋友接连道歉："实在抱歉，路上出了状况，我来晚了。"然后告诉朋友，我在路上碰见一个劫匪正在实施抢劫，我奋不顾身地上前擒拿，把劫匪送公安局，自己受了点轻伤，所以来晚了。请问，听了我的遭遇，朋友对我的态度会不会改变？如果会，为什么？

这时，朋友会用眼前的事实替代他曾经的假设,得出另一个结论：没

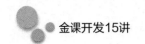 

看出来，你原来是个大英雄。事实替代了假设，使态度有了快速改变的可能。通过检验假设或者提供新数据信息的方式让学生重构数据，是促进其改变态度的重要手段。面对误会，人们常说的一句话是："你听我解释。"其实就是试图提供新的信息，推翻对方猜想的假设，重构数据。

### ■ 算法升级：换一种思维就换一种世界

"触龙说赵太后"是《战国策》中的名篇，也是改变态度的典型案例，脍炙人口。触龙的游说可以说达到了冰火两重天的效果。起初，赵太后极其反对送其幼子做人质，赵太后的态度是基于其价值判断的，因为她左右权衡后觉得爱幼子胜于爱国家，所以不能冒这个险。并盛怒："有复言令长安君为质者，老妇必唾其面（再有说让长安君去做人质的人，我一定朝他脸上吐唾沫）。"

面对被极端情绪控制的赵太后，讲什么道理都是制造噪声，任何论述性语言只能激起她更激烈的防御情绪。而聪明的触龙采取了迂回策略，他先不谈正事，而是拉家常式地求赵太后为自己的小儿子谋个差事。赵太后产生了共鸣："丈夫亦爱怜其少子乎（你们男人也怜爱自己的幼子吗）？"触龙说："甚于妇人（比妇女还怜爱）。"

赵太后则放下防御情绪，等太后恢复理智，触龙开始挑战赵太后："老臣窃以为媪之爱燕后贤于长安君（臣私下认为，您疼爱燕后超过疼爱长安君）。"赵太后显然不同意，反问触龙为什么这么说，触龙这才有机会抛出他"父母之爱子,则为之计深远（父母疼爱子女，就得为他们考虑得长远些）。"的大爱论断。

这个论断引发了赵太后用不同的视角和思维重新审视送幼子去做人

质的决策，并得出对幼子的大爱应该是"有功于国（为国立功）"。使其为国家建功立业对幼子及她的价值更大。于是，对同样的数据，加工的算法变了，结论也就变了。

这就是著名的思维换框。斯坦福大学教授卡罗尔·德韦克说："当你进入一种新的思维模式，你就进入了一个全新的世界。"老师引导学生从另一个角度，采用另一种思维模式思考同样的场景，就会得出不同的结论，进而影响其态度。

再举个例子。

一位朋友去应聘一个和媒体相关的职位，和企业负责人谈了几轮后还是犹豫不决，他觉得除了待遇低了一点，其他条件都不错，于是想征求我的意见。我问他："这个企业的平台有什么是你原企业给不了的？"他说："这个平台大，能快速拓展我的人脉关系，提高我的社会知名度。"我问："拓展人脉关系、提高社会知名度比起短期的收入减少损失，哪个更重要？"他听完我的话，一拍大腿："不说了，我决定去……"

这是一个典型的价值重塑案例。让学生从更长远、更深刻、更全面的角度审视当前的境况，态度就会不一样。

### ■ 反思觉察：有意识地审视自己的行为

作家约翰·加德纳说："大多数境况不佳的组织已经患上一种功能性视觉障碍，它们看不见自己身上的缺点。它们的症结并不在于无法解决自己的问题，而在于根本看不见自己的问题。"历史学家阿诺德·约瑟夫·汤因比说："没有什么事是像成功那样失败的。"他研究了大量的史实后发现，过去的成功是战胜了过去的挑战而赢得的，

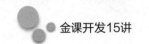

过去的成功经验不能应对明天的挑战，却容易让人迷失自我、自以为是，沉浸在自己的世界里，对环境的变化和潜在的威胁缺乏警惕性，对更好的机会不敏感。

有个同学问我："我怀疑人们能否真正做到自我反省。'吾日三省吾身'到底是古人修身的理想追求，还是有现实操作的手法？"我说："一人如果做不到自我解构，就做不到有效反省。"反省就是人们有意识地审视自己的经历经验，用"觉察的我"审视"做事的我"，其根本目的是优化自己的思维模式和反应模式，是心智模式的持续迭代过程。鲜活的生命不能成为过往模式的牺牲品。

麦当劳创始人雷蒙·克洛克曾经说："只要你是青涩的，你就在成长。一旦成熟，就会开始腐烂。"还有句话说得好："如果你现在不觉得一年前的自己是个蠢货，那说明你这一年没学到什么东西。"稻盛和夫的"六项精进"把反思作为其中之一，他认为，人们要"每天反省""反省就是耕耘，整理心灵的庭院"。要通过每天的反省，扫除心中的邪念。

当一个人在成功之前就能养成时时反省的习惯，那么他在事业路上抗风险的能力就会很强，某种意义上讲，他更具备持续成功的可能。反之，即便取得暂时的成功，也必将因为不具备反思能力而遭遇巨大挫折。

当然，强迫奖惩也能促人改变，但强迫必然造成人们内在分裂、过度压抑，这种改变是不持久的，容易产生报复性反弹。任何积极而持久的改变一定是自内而外的，让学生重塑认知的策略就是促进他们自我反省。

穷途末路的时候就是重新定义的时候，换一种方式或者换一个方向打开进一步的成长空间。成长空间都是被重新定义出来的：A better you, a better world. 春风得意的时候也是重新定义的时候，春风得意说明人们处在舒适区，更需要通过重新定义打开进一步的成长空间。青春和年龄无关，和活力有关，只有通过自我反省不断重新定义，才是让自己持续成长、永葆青春活力的秘诀。

## 态度形成的情感附着策略

态度形成的重点和难点是情感附着，很多知识不会被应用是因为其背后没有足够的情感动力，有情感动力的知识才会被付诸实践。情感走的是"体验—感受"通路，有这样一句话："你没有遭遇过我的遭遇，永远理解不了我的感受。"知识可以用语言文字"离线"传播，情感则需要面对面附着情感地"在线"交流，态度的形成甚至需要长时间的熏陶。在教学实践中也有具体的策略。

### ■ 移花接木：给旧情嫁接新知

生命中的关键时刻是那些灵魂被触动的时刻。生命由时间堆砌而成，但当回首往事时，生命中的每一分、每一秒并不是同等重要的，那些刻骨铭心的关键时刻总是很容易被激活，那些灵魂被触动的时刻总是很容易跳出来影响我们的决策。尽管生命很长，刻骨铭心的关键时刻却并不多。

瑞士心理学家荣格对个人潜意识研究发现：个人潜意识的内容，主要由具体情绪色彩的情结构成，这些情结构成了心理生活个体的、自私的方面。他提出情结的概念，我理解的情结就是强烈情绪的郁结包，并且被贴有一个标签。此后只要"嗅"到相似的味道，杏仁核就会引爆强

烈的情绪反应，自我意识也就丧失控制权。

态度教学的关键是，要么创造与某个信念紧密关联的关键时刻；要么将某个信念与学生过往的情结紧密关联，让学生用自己的情感经历为信念背书。语言或者作品与人类潜意识的某种情结共鸣就很有能量，所以，我很喜欢在课堂上用金句，因为金句凝结了很多情绪能量。另外，电影《你好，李焕英》很好地嫁接了母女情结的情绪能量，《战狼2》和《长津湖》很好地嫁接了爱国情结的情绪能量。

态度教学既可以激活学生的积极体验正向印证认知，也可以激活学生的深刻教训反向印证认知，学生不断地用情感经历为认知背书，实际是用反刍的方式为自己的过往赋予意义。

安全意识教育就是典型的态度教学，有的企业选择挂在嘴边常讲，讲多了连老师自己都觉得无聊。在某个建筑工地上有一个牌子，牌子写道："亲爱的工友们，在外打工，一定要注意安全，一旦发生事故，想想你的家人怎么办。"

显然，警示比说教的效果要好很多，这种方式更能触动灵魂。这样做背后的原理是触发他们的情感，让他们把安全和对家人的爱关联起来，成功地借已有的浓厚情感为新的认知背书。

### ■ 沉浸体验：渗透到眼睫毛和脚指甲

技能和态度的掌握要形成内隐记忆和自动化反应。技能的记忆是肌肉记忆，态度的记忆是杏仁核记忆，认知脑的学习仅仅是皮层记忆，而情感脑的学习必须形成身体记忆。因此，我开玩笑说态度的掌握要渗透到眼睫毛和脚指甲中，用熏陶的方式让学生沉浸在某种情感氛围中。

很多人有过这样的体验：道理很明白，甚至给自己下定决心，一旦处在现实情境时马上就力不从心，被打回原形。

以一个笑话为例。

有个病人总觉得自己是一条虫子，所以非常怕鸡，担心鸡把他啄去吃了，因此，他去做了心理治疗。医生想尽一切办法唤醒他的自我意识，他逐渐意识到自己是男子汉大丈夫而非一条虫子。治疗后的他看上去痊愈了，但就在出院准备回家的路口，他看到很远处有一只鸡，吓得魂飞魄散地往树上爬。医生见状就问："你不是已经意识到自己是男子汉大丈夫了吗？怎么见了鸡还这么害怕。"病人回答："是的，我已经知道自己不是一条虫子，可我担心鸡不知道呀。"

这个笑话生动地揭示了态度背后认知和情感所扮演的角色，就算道理被重复一万遍也替代不了一次生动的体验。解决的办法就是让学生用想象的方式把认知逐渐转化为身体的感觉，渗透到全身的各个细胞。

《身体从未忘记》的作者巴塞尔·范德考克在心理创伤领域已有超过三十年的前沿研究和临床实践经验，他治疗过几千个受过心理创伤的儿童和成年人。他指出："曾经的创伤你很想遗忘，但大脑和身体从未忘记事件发生时的恐惧，即使时隔已久，还是会因为微小的危险信号，诱发过于剧烈的负面反应，使人失控。"这种现象的解决办法是持续地做脱敏练习。情绪记忆要在情绪状态下改写，用想象的方式有意识地创造积极体验，并沉浸其中把积极体验逐渐内化成身体记忆。

我的一名学生跟他的父亲关系很僵，父子见面就跟仇人相见似的，因此他多年不回老家。随着父亲年事已高，他意识到必须多回家看看，却在潜意识层面非常抗拒。因此，我引导他写了一段对父亲的独白，让他每天早晚做功课，对着父亲的照片用心地以成年人的姿态讲出这段独白。在他刚开始做功课的时候，他动辄进入激烈的负面情绪状态不能自

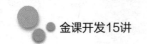 

已，经过几个月的脱敏练习，负面情绪就逐渐消退了。经过长时间的努力，他终于和父亲和解了。

### ■ 社会同化：营造相互影响的情绪氛围

情绪还有一个特点就是容易相互感染。态度教学中，营造一个大家可以相互信任、畅所欲言的场域显得尤为重要。在好的课堂氛围中，上课如顺水行舟，师生共同营造一个情感共鸣的场域，每个人都沉浸其中，感受爱的流动，滋养彼此的心灵。

在我的课堂上，屡屡能达到集体心流的状态，积极情绪是相互感染的，老师率先进入心流状态，再带动学生进入心流状态，小部分人进入心流状态后能带动大部分人进入心流状态。在这种共享的积极情绪背景下，每个人的心灵都会得到正能量的滋养。

每个人都有从众心理，团队中一旦形成某种群体情绪，大部分人都不再理性思考而选择跟着群体情绪走。社会心理学的研究发现，想法相似的人会在一起长期互动，但是因为观点一致、情绪共鸣会导致群体极化现象，从而极易形成群体系统性偏见。

人们在群体中的表现和在独处时的表现并不相同。菲利普·津巴多教授的一个关于斯坦福监狱的著名实验对态度教学很有启发，如其中的"赋予角色"，**换一个角色就是换一个状态**。斯坦利·米尔格拉姆教授的电击实验也揭示了绝大多数人盲目跟风权威的社会心理规律，此实验常被引用在态度教学中，如其中的"树立榜样"。

在教学实践中，我常用一种"圆圈会"的组织方式进行态度教学。学生围成一个圆圈，我抛出一个情感类的话题，比如"成长与感恩"，让学生讲各自的真实故事，大家在这个环境很容易产生情感共鸣，每个人都可能从别人的故事中找到自己的影子，自己的故事也可能触动别人，我在最后会对每个人的发言做简短的点评，这样的课堂是很容易达到集体心流的状态的，学生常常情不自禁地流下眼泪，甚至号啕大哭。我开玩笑地说：光是大脑神经元的关联不足以促成态度的改变，学生还需要把认知脑的认知在情感状态下写入全身的每一个细胞，渗透到眼睫毛和脚指甲中，形成肌肉记忆和情绪记忆。

态度教学实战
课案与解析

第9讲

态度教学的知识部分与知识教学的知识部分并没有明显区别，态度教学知识部分的难点在于要把认知脑的觉知转化成自动化的情绪反应。与技能教学一样，态度教学也有一个把神经元关联深化到身体自动化反应的熏陶过程。态度教学同样面临一个任务，那就是如何把态度教学装进五星或三浪教学框架中，在对话中实现教学目标。

## 态度教学必须走心

态度的本质是情感反应，所以态度教学必须走心。情感反应形成的标志是遇到某种情境不经意识脑的思考就先启动情绪，背后是杏仁核记忆。杏仁核记忆只能在高唤醒情绪下形成，因此，对态度的改写必须在情感状态下进行。在时间有限的课堂上，最有效的态度教学方式是"移花接木"的策略，老师引导学生把自己原有情结与课堂传授的认知进行关联，从而为认知附着强烈的情绪。

延安鲁迅艺术学院创作的歌剧《白毛女》为什么能引发共鸣？就是因为观众容易与白毛女的遭遇共情。朱自清的散文《背影》为什么成为名篇？那个拖着臃肿的身体，在月台爬上爬下为儿子买橘子的父亲背影会让大多数做儿女的鼻子一酸，儿女都感受过父母为自己付出艰难努力的那份爱，自然会产生共鸣。

在态度教学中，老师绝不能把态度当成知识教，从头到尾都在认知脑上折腾，不仅不能形成自动化的情绪反应，过多的说教反倒会让学生产生情绪化的防御反应。有趣的是，学生之所以对"洗脑"式和"说教"式态度教学逆反，还有一个原因是他们一听到说教，脑海里立马就闪现出唠叨的爸妈或者喋喋不休的老师，所以他们无意识地启动了逆反情绪。很多老师在上课时总喜欢"训话"，他们一开口就不招学生喜

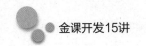

欢，学生自然会本能地陷入防御状态。学生的这种逆反情绪正是长期在"被灌输"的氛围中浸泡的结果。

### ■ 实战课案：幸福课堂的五星教学

我仍然用实战课案向大家示范如何用五星教学进行态度教学。我曾经主持开发了一门精品课程"幸福在哪里"。幸福本来就是很主观的概念，幸福与否，每个人的感觉说了算。人人羡慕的成功人士也有自己的烦恼，人人小瞧的乞丐也有"要三年饭，给个县令也不干"的幸福感。

幸福是一种感觉，"如人饮水，冷暖自知"。设想一下，倘若靠传统说教的方式喋喋不休地给学生讲幸福的概念会是什么效果？"幸福在哪里"可是标准的态度教学，而态度教学一定要营造一个能够令人产生情感共鸣，进入幸福体验的情绪状态，一定要把生活中感受到的幸福和幸福的概念关联起来，学生才能深刻领悟幸福，继而在生活中把握幸福，甚至创造幸福。这门课程的设计严格采用了五星教学的方法，培训效果非常好。

#### 1. 聚焦问题：幸福故事会

我把学生分成小组，一个班大概五六个组，每个组七八个人。简单开场后，我就安排了一个叫"幸福故事会"的研讨环节。我的聚焦问题，就是请每名学生回顾一下最近两三个月自己生活中发生的难以忘怀的幸福时刻，并请每名同学在小组里轮流分享出来。同时我也告诉大家，收集足够多的幸福碎片，我们就一定能找到隐藏在幸福背后的共同规律，从而把幸福转化成能力，把不幸转化成幸福，主动把握幸福。

我收集幸福故事的聚焦问题，其实就是一个激发学生们思维和联想的"饵"，学生会以这个问题为饵从自己的潜意识里提取自己的幸福碎片。这种碎片是一种情感碎片，态度教学一般收集的都是情感碎片。

### 2. 激活旧知：收集幸福时刻

这一阶段，学生们先在小组内分享，然后每个小组选出一个最好的故事分享给全班同学。整个分享的过程中放着舒缓的背景音乐，学生们逐渐打开心扉分享他们的幸福时刻。有人讲自己每天给父母打电话时很幸福；有人讲早高峰连续多趟挤不上地铁，正在地铁门口努力之际，门里伸出一只友好的胳膊拉了他一把，让他一天都感觉很幸福；有人讲见到儿子的进步感到幸福……很快，一种幸福祥和的正能量弥漫了全场。有不少分享幸福时刻的学生留下幸福的眼泪，课堂上自然出现了相互拥抱和喊口号相互鼓励的情境。"幸福在哪里"这门课我讲了很多次，每一次这一环节的效果都是大家哭得稀里哗啦的，没哭过的人极少。

最初动情的多是女士，后来一位看起来像大老板的40多岁男士也禁不住哭了。

这位男士分享说："我感受到最幸福的时刻是有一天下大雨，我开车在路上，突然接到我儿子的一个电话。他说：'老爸，外面雨很大，你开车慢点！'我听完这句话，内心的幸福感喷薄而出，眼泪哗哗地流下来。我把车停到路边哭了半个小时，等雨小了才慢慢开车回家……"

等情绪平静下来，他分享了为什么一个看似平常的电话却引发他如此强烈情绪的原因。原来，在他的儿子小学三年级的时候，他离婚了，孩子跟着他。后来他再婚了，此后这孩子在学校不好好学习，打架斗殴，回到家一脸冷漠，对谁都爱答不理，动辄发很大的脾气离家出走。放暑假时，孩子不愿意待在家，他和孩子商量后给孩子报了一个国学修养夏令营。没承想，学了三个星期，孩子居然懂得感恩了，主动打电话

关心他。

这让他太意外了，能不激动吗？能不幸福吗？他讲完号啕大哭，所有人都特别感动。

你想想，他的一个故事就让整个小组的人都走了心，开始抹眼泪，这个时候大家都会感动于那种父子亲情，感动于孩子的成长改变。这才是态度教学应该有的样子。

为什么会有这个效果？这个环节是激活旧知，我抛出的一个问题，激发出大家脑子里存储的那些附着了浓厚情感的幸福碎片，于是每个人都带着感情分享自己的幸福时刻。虽然刚开始有的人讲得深、有的人讲得浅，但是作为老师，只要给大家营造出一个轻松、安全、敢说真话的课堂氛围，分享人数不出三个人就会有人走心，有人感动得流泪。

而情绪是会相互感染的，你的感动会激发我的衷情，我的深情也会触动你的心弦，相互感染形成一种情感共鸣的效应。当整个课堂都流动着一种幸福的能量时，每个人的大脑都释放着同样的神经递质、多巴胺，拥有同样的幸福感觉。而如果把这个环节换成了你在滔滔不绝地讲幸福是什么，把幸福当作知识来讲，恐怕就难以出现这样的效果。

### 3. 论证新知：幸福也有公式

等每个小组推出的幸福故事都分享完，全班同学都沉浸在一种幸福状态的时候，我则带领大家回归理性。因为这个时候，感性的素材已经收集得差不多了，我就顺便带领大家进入论证新知阶段。

我讲道："大家都分享了自己的幸福故事，而且讲得非常感动，我想让大家理性地思考一下，所有这些幸福故事有什么共同点吗？换句话说，我们能否从这些幸福故事中提炼出幸福的核心要素有哪些？"如果我们能知道幸福的核心要素，我们就能够有意识地创造幸福，而不是凭运气撞上幸福。

随后，我引导学生们开展理性的思考并进行积极讨论。大家你一言我一语地踊跃发言，运用交叉类比分析这些让人感到幸福时刻的背后有什么共性特征。最后，全班同学共同归纳出幸福的公式：幸福=快乐+有意义。

比如，上述提到的孩子一个电话引发老爸泪崩的故事。孩子那天突然打的电话，对老爸来说实在太意外了，看来送到国学修养夏令营学习中国的传统文化对孩子的改变确实有很大的帮助，这一刻真的有意义。而且这个故事中还有一个特别浓厚的情感体验，毕竟孩子已经好久不跟他说话了，这种突然的连接让他觉得很温馨、很快乐。幸福=快乐+有意义，这正是哈佛大学本－沙哈尔教授多年研究的结论。这也是我这堂幸福课的"底牌"，但我并没有强加给学生，而是学生通过努力分析形成的一个共识。

在这个共识之下，我开始对幸福的内涵进行论证。我对大家讲，首先，意义是一个主观的东西，是人为赋予的。同样一件事情，你赋予它什么样的意义，它就有什么样的意义，而且往往一旦被赋予了意义，痛苦将不再是痛苦。比如，一开始外界请我去做公开演讲等我不喜欢的事情，我的第一反应就是抗拒，到后来，或者是对方说服我，或者是我自己想清楚，总会有一个意义，在这个意义下我觉得这件事情很有必要去做。赋予意义是纯粹主观和内在的一个过程，对同样的一个客观事件赋予不同的意义，你自己的感觉也会不同。

其次，快乐也是一种能力，就是在做事情的时候给自己找乐子的能力，这个能力也一样是一种比较主观的能力。也就是说，你在做事情的

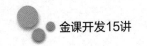

时候，总能找到一个弹性空间，在里面找到你可以自由发挥的空间，在这个空间里植入你的想法、你的点子、你的创意，发挥你的特长，让自己在做的过程中体验到一种乐趣。既然赋予意义和寻找快乐都是主观的能力，那么让自己幸福也必然是一种能力。我们只要学会在无聊的事件中赋予一些意义，寻找一些快乐，我们就能够让自己幸福。

论证之后，我再让学生用幸福公式检验自己分享的幸福故事是否满足幸福的两大关键要素。

### 4. 应用新知：幸福是一种能力

进入应用新知阶段，我再次布置现场作业，要求每个人分享一个最近遇到的让自己不爽的冲突，再尝试用幸福的关键要素对其加工改造，怎么样重新赋予它意义？弗兰克尔在他《活出生命的意义》一书中说："一旦找到了意义，痛苦就不再是痛苦。"探寻意义似乎是人的本能。

我们可以反其道用之：如果痛苦不可避免，我们就为其赋予意义。同样，如何在不得不做的事情中找到能够自由发挥的空间，寻找一些快乐呢？幸福是一种能力，赋予意义和寻找快乐是把烦恼转化成幸福的两大法宝。因此，我在课堂上立即组织学生两两练习，我负责巡回观察，个别辅导。练习结束后，我便在全班范围内随机采访大家在练习中最大的感悟和困惑。

当学生应用心知练习后，他们会发现，自己的自信心提升了，真的是事在人为，带着不同的状态去做同样的事情，结果完全不同，体验完全不同。既然有很多事情我们不可避免，我们就有义务、有必要让自己赋予它一种浓厚的意义，然后在过程中制造快乐，用乐观主义的精神去做这件事。态度教学的阶梯在这个阶段从接受、反应走向了价值化，甚至是信奉。

### 5. 融会贯通：抗拒的都是礼物

最后的融会贯通阶段，我安排了一个全班大讨论，让学生结合自己的生活实际，用自己的语言谈谈对幸福的理解、幸福的理念以及幸福的关键要素还能用到什么场景中。比如，在工作沟通、亲密关系、亲子教育方面如何运用幸福关键要素，如何运用幸福的理念和关键要素让自己的朋友更幸福等。

在发言讨论过程中，我会进一步延伸，无论是工作还是生活，的确有太多的事情是外界强加给我们的，但不管怎样，我们的确可以不那么被动地接受，而是更主动地探寻它的意义，更主动地从中寻找快乐，凡是想要抗拒的事情，我们都有使它被赋予幸福的能力。"你抗拒的都是上天送给你的礼物。"这就是帮助学生找到融会贯通的感觉。

回顾这门"幸福在哪里"的课程，一个非常抽象的概念，怎么通过聚焦问题激活学生的情感碎片，怎么通过营造情感场域搜集学生的情感碎片，怎么通过交叉类比理性提取幸福的关键要素，怎么通过应用新知解决新的实际问题，怎么通过融会贯通进一步附着浓厚的情感，这一系列的过程形成了典型的态度教学的五星教学过程。

总结一下，态度教学运用五星教学的策略：前三星老师促成学生理解并认同态度的立场，这和知识教学没什么不同。重心和区别都在后两星，老师需要营造足够轻松可信任的环境，激发每个学生内心的真情实感，进而形成情绪相互感染的社会环境，在认知与情感的交叉迭代中完成学生的情感附着。

积极而持久的态度改变需要认知和情感两种能量相互交织，切忌把态度当成知识讲，任凭老师的三寸不烂之舌讲得再通透都替代不了学生亲身的情感体验。

## ■ 实战课案：企业文化的三浪教学

我在用友大学的时候为配合用友文化升级开发了一门全员轮训的企业文化课，累计开课三百多场，覆盖当时用友集团所有员工。课程采用了标准的三浪教学。

### 第一浪：宣讲新版文化

课程是这样安排的：每个班分若干组，每组六到八人。由内训师先讲新版文化的使命、愿景和核心价值观，每一个关键要素的教学为一个单元，每个单元开始时都把该要素的具体要点和内涵予以解读，之后播放董事长王文京对此要素的访谈视频。

在课程开发时，我们用采访的方式是请王董事长就新版文化的使命、愿景和核心价值观以及每一个关键要素夹叙夹议地讲五分钟并录制成视频，我们重点挖掘了王董事长对文化词条的个人感受和情感故事。王董事长讲得声情并茂、真实感人，并且带入感很强，这就为接下来的情感渲染铺好了路。

### 第二浪：文化故事会

接下来，每个词条半个小时左右的小组讨论，每个小组以工龄最长的资深员工的发言开始，以刚加盟的新员工的发言结束。每个人大概用三分钟的时间分享一段跟这个词条相关的个人情感经历和独特感悟。举个例子，用友文化3.0的核心价值观之首是"用户之友"。"用户之友"的含义是做用户的朋友，也是"用友"这个词语的来源。某个小组最资深的员工先讲了一段他亲历的故事。

千禧之年的除夕夜，我正和家人包饺子，看春晚。突然接到客户的来电："你是用友的某某某吧，你赶紧来一趟我们公司。我们计划春节收假第一周挂牌上市，急着要出各种报表。我们财务部五十多位员工跟董事长、总经理连夜加班整理数据。你们的财务软件反应很慢，赶紧来现场支持一下吧，求你啦。"

情势紧急，不能不去呀。除夕夜冒着飞雪在外面打出租车，半个小时硬是叫不来一辆，出租车司机也要在家过年呀。没办法，只好转身回家把家里的旧摩托收拾收拾，穿着防雪服，骑着旧摩托，骑了二十多公里到客户现场，人都快冻硬了。客户方听说我来了，就像见到救命恩人一样，客户方的董事长、总经理带领众人到门口亲迎。

那年除夕的晚上和客户一起熬通宵，客户方的董事长亲自给我们煮饺子，和客户方财务团队集体过了一个别样的除夕夜。

春节后，客户方公司顺利上市。客户方董事长亲自给他送了锦旗，颁发了荣誉员工证书。讲到这里，这位资深员工，潸然泪下，言语哽咽。

接下来第二个分享的员工也饱含感情地分享起他的故事，三个员工分享后，每个小组已经有多人感动流泪。接着轮到那个刚加盟的新员工发言了。他慷慨激昂地说："我刚加盟不久，还没有经历过这么动人的故事。各位前辈都是我学习的榜样，你们的故事都非常感动，我深受鼓舞。如果我们这些新来的同人在工作中做不到真正的'用户之友'，简直对不起前辈们打下的江山。"就这样，新版的核心价值观在浓浓的情感氛围中根植于每个员工的内心。

可见，越是态度教学，营造良好的氛围越重要。师生只要努力营造一个好的氛围，这个氛围所形成的社会背景就会起作用。在这样一个氛围里，学生相互影响，共同强化对同一概念的认知，也就是说，氛围促进了学生对同一认知的共同强化。

### 第三浪：价值观行为化

企业文化是典型的指导精神，绝大多数员工每天从事的都是很具体的工作，如何在具体的工作中体现出价值观？我认为，企业文化要内化于心，外化于行。第三浪的教学，由内训师引导大家讨论如何在具体、平凡的工作中注入文化价值观，如何把无形的文化体现在有形的具体行为中，从而展示出自己独特的风格，这是每一位员工都可以思考甚至创造的话题。

对管理层来讲，如何把价值观体现在每一个决策中也是很有意思的话题。经过大家的激烈讨论，有人甚至说："企业文化可以是重要的竞争工具。"丹尼尔·平克说："客户购买的是风格，而不是产品本身。"从这个意义上讲，世界上根本不存在完全意义上的竞争对手，员工的言行中体现的精神面貌和风格是不同的，践行自己的价值观，努力活出自己的风格，就顾不上和竞争对手比较了。

哈佛有句名言："当你为自己想要的东西忙碌的时候，就没有时间为不想要的东西担忧了！"风格像一面旗帜一样，对资源分配、能力建设、员工行动等都有明显的牵引作用。引导学生讨论如何在具体的工作和决策中体现自己独特的文化价值观是企业文化落地的重要举措。

企业文化和价值观要想内化为处事态度，就需要为价值观附着浓厚情感。通过"分析—理解"的方式理解文化和价值观的含义，并通过"体验—感受"的方式让情感附着。认知部分是显意识反应，其学习过程和一般的知识教学没有什么区别；情感部分是潜意识反应，其学习过程必须实实在在地激活学生自身的情感，所有潜意识学习都不是经过思维和语言的，而是耳濡目染的直接感受。

**生命中的重要时刻，是那些灵魂被触动的时刻。**态度教学的重心在于激发情感、滋养灵魂，要在体验设计和关键时刻的激活上下功夫。而常见的误区是用讲道理的方式替代情感的激活和体验。被誉为银幕剧作教学第一大师的罗伯特·麦基说："理智的分析无论多么清晰，都不可能滋养人们的灵魂。"

## 态度教学的其他策略

把握了态度是认知与情感的组合反应这一本质，就不难在实践中变通应用。比如，可以先有体验再有认知，也可以营造氛围让学生沉浸其中自我感化，甚至让学生犯错，让他们跳进坑里再把他们捞出来促其反思。下面罗列几种态度教学可以采用的策略。

### ■ 营造氛围，不言而教

诸如幸福这样的态度教学，营造氛围远比讲授内容重要。老师不需要讲太多的知识，也没必要有太多的解释，因为我们的大脑是同构的，老师以说教的方式用自己的思维迫使学生启动思维，而思维和情感是互斥的，学生过度启动思维反倒抑制情感。只有适当抑制思维，学生才能腾出足够的精力去感受，就像室内光线足够黑暗看电影的效果才好一样，关掉思维的开关才能进入感受的状态。**感受恰恰是难以言表的，老师要做的是营造情感氛围让学生们自己沉浸其中。**

情绪还有一个重要特征就是具有传染性，某种氛围一旦形成，先陶醉其中的同学会感染其他同学，很快每个人的大脑都会进入情感占上风的状态。有时候甚至不需要讲任何知识，只要将学生置身于特别的环境中，学生就能够沉浸其中自我感化。比如，国人一进入天安门广场，自然就产生爱国之心；信众一进入寺庙，自然就肃然起敬。

### ■ 鼓励分享，点评升华

态度教学对老师驾驭课堂的能力要求很高。老师不仅要善于察言观色，透过学生的表现洞察其内心反应，更要鼓励找到感觉的同学声情并茂地分享他的故事。我说过，生命中的关键时刻正是那些灵魂被深深触动的时刻，当学生分享自己灵魂被触动的时刻时，一定会带着浓厚的情感。

每一段学生的深情分享都渴望被看见，渴望得到共鸣，所以，老师要及时带着感情的语言给予反馈和点评，并适当用理性思维点出情感经历背后的关键信念，进一步促进认知和情感的融合，用发言学生的情感引爆所有学生的情感，达到同化的目的。

当学生情绪激动的时候，要适当引导其在此情绪状态下沉浸一段时间，以便巩固情绪记忆。杏仁核越活跃，情绪浓度越大，情绪记忆的效果越好，同时，**情绪状态时间越长，情绪记忆的效果越好**。经验告诉我，集体进入情绪状态的总时长要控制在两小时之内，再长反倒效果不好。长时间沉浸在情绪状态下是很耗体能的，老师需要及时让学生们补充茶点。

### ■ 体验在先，反思在后

态度教学还有一个策略是先让学生体验，再引导其反思。比如，人人都懂得行人横穿马路是很危险的这个基本道理，但很多人就是禁不住横穿马路，因为在习惯面前，道理总显得苍白无力。倘若要让行人产生彻底的改变，就要驱动其感性体验。可以让这些习惯横穿马路的人看一个交通安全宣传展，展厅里从头到尾放置的全是交通事故惨不忍睹的照片：脑袋被挤扁的、血肉模糊的、被车撞飞的……这些人的脑袋里植入了这些图片之后，人们改变的意愿会大大提高。

再比如，人人都知道吸烟有害健康这个基本道理，可是烟民还是戒不了烟。网上有人晒出了二十年老烟民与非烟民的肺部照片对比，以这种直观的方式展示吸烟对身体的危害，就会让很多烟民内心产生触动。歌德说："我的思想和观点你很容易得到，而我的心灵和体验永远只属于我。"有了感性体验之后，老师再引导学生分享各自的感想和反思，效果就会非常好。

### ■ 先受打击，再促反思

《易经》中蒙卦的上九爻辞中就有"击蒙"一说，意思是受打击让人醒悟。很多人是不撞南墙不回头的，所以撞南墙也是一种很好的教育方式。在我早年讲"企业全面经营沙盘"的课程时，发现那些在游戏中取得很好成绩的学生在做总结时常常志得意满，浮于表面，那些经营惨淡甚至把自己的企业搞倒闭的学生，在做总结时却观点深刻，并从中学到更多。

心理学大师丹尼尔·卡尼曼的研究表明，损失的厌恶情绪要比得到的欢喜情绪强烈得多，丢掉100元的痛苦要比捡到100元的欢乐强烈得多。这个现象意味着人们在失败的体验中投入的情感能量更大，所以更容易促进认知的更新。学生碰得满鼻子灰的时候，老师再引导其反思复盘，最后将自己的失败教训和老师所授的知识紧密关联起来，这就是"击蒙"的好处。

表现形式与学习体验

第10讲

到此为止，我们分别详细论述了课程五要素的目标、内容和过程，学习了用五星教学或者三浪教学教授知识、技能、态度的策略和案例。接下来，我们再讨论一个要素：形式。好课程不仅要有好内容，更要有好形式。大多数时候课程内容常常被教学大纲所规定，老师不可以任意发挥。但在课程形式上老师却有极大的灵活创新空间，可以说，课程创新的大头是形式创新。

## 课堂里的信息流与能量流

现实中，很多老师上课是不讲究形式的，平铺直叙是唯一的形式。事实上，内容的表现形式或者学生的参与形式远比我们想象得重要。在课程设计中，形式和内容相辅相成、密不可分，且作用在学生的不同脑区，分走两个信息频道。内容是走脑的，老师提供信息，学生有意识地通过思维分析的方式接受；形式是走心的，老师布置任务，邀请学生参与其中，并让学生通过体验的方式感悟。

教学不是简单地给学生提供信息，重头是帮学生把知识转化成能力。课堂上，流动的不只是信息，还有能量。我认为，不能驾驭课堂能量的老师总体而言还处在较低段位。能量是一个听起来有点玄的概念，为了便于大家理解，有必要澄清一下我所谓的能量的概念。

广义地讲，一切都是能量。爱因斯坦的质能方程告诉我们，物质也是能量。人更是一个能量体，我们每天摄入的外在营养物质都可以转化为若干卡路里的内在能量，这些能量又通过自己的方式消耗出去。而我所讲的能量是狭义的概念，是与信息相对应的范畴。当然这个信息也是狭义的概念，是以符号化的语言为载体，通过有意识的思维活动来编码和解读的个体间交换的内容。

很显然，语言、意识、思维并非个体间交换的全部内容，在社会交往中，个体间交换的还有情绪、感受等非语言、潜意识、非思维等元素，而我把这种元素称为能量。能量传递的载体不是语言，而是肢体语言、内在状态、语音语调等，这些信息并不是通过有意识的思维活动来解码获得，而是通过体验、感受获得。也可以理解为，信息特指显意识能量，能量特指潜意识能量。宏观而言，都是能量，都是社会交往中个体间可传递的元素，我们常说的气场就是一种可感受的能量。

当老师授课时，学生不仅在听老师说什么，还在感受老师怎么说。有的老师天生就会抑扬顿挫、手舞足蹈、满怀激情地带着能量讲课。即气场很足，气场无非是一个人的内在状态通过潜意识的表达。所以，气场就是容易感受却不好用语言描述的概念。

再结合认知、行为、情感这促人改变的三驾马车看课程教学，显然，信息流作用在认知脑，能量流则作用在行为脑和情感脑。课程教学不仅要促成大脑皮层神经元联结的改变，更要促成体细胞的改变。我经常开玩笑地说："要能够感受到眼睫毛和脚指甲的改变。"好的教学就像交响乐一样，是多声部合奏的，信息流和能量流同频共振的课堂才是好课堂。

没有感觉的知识人们不会用，也不值得用。课程教学并不是单纯传授学生知识，而是让学生有所思考、有所感受，一定要把言传和心悟、显意识和潜意识、思维和体验、理解和感受这些成对的元素整合到一堂课里。我甚至矫枉过正地对学生说："所有没有形式设计的平铺直叙式课程教学都是应付差事。"

# 从学生体验的角度理解教学形式

学生很容易忘记一堂课所学的内容，却很难忘记一堂课带给他们的感受。感受是很难用语言确切描述的，却在学习中扮演很重要的角色。即便勉强用语言描述的感受也只是用思维将感受标签化，并不是感受的全部内涵。多年来，我一直推崇"深度学习，立体精进"的教学理念，教学要激活学生的全脑甚至全身心，改变要习性、心智、心性三位一体地立体改变。倘若老师不考虑学生内在分多个系统，只是一味地输入信息，教学反倒可能造成学生的内在分裂。下面我举一个例子。

多年前我参加了一位知名度很高的大咖的数百人课程。散场后我随乱哄哄的人群往外走，偶然听到前面有两个人在议论这位老师的课程。一人问另一人："你觉得这位老师讲得怎么样？"另一人说："这'狗东西'讲得不错，还是蛮有料的。"

我当时就很费解，也请大家思考：经历了什么样的学习体验，学生才会得出"'狗东西'讲得不错的"的分裂评价？既然觉得老师很有料，又何必称作"狗东西"呢？如果理解了信息流和能量流的原理，我们就不难理解了。"讲得不赖"是认知脑的评价，就信息流而言，是对老师所授知识的肯定。而"狗东西"是情感脑的结论，就能量流而言，是对老师修为的否定。大概这位同学对老师在课堂上表现出高高在上、盛气凌人的姿态的感受很不好。

学生在听课程内容的时候，也在感受老师的内在状态，从这个意义上讲，老师的内在状态也可以归为形式这一元素。我在"活力课堂"的专题课上讲过老师的"状态位"，总结了四个字：慈、雄、对、觉。"慈"是慈悲心；"雄"是有信心；"对"是保持对话态；

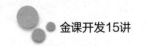

"觉"是时刻觉察。只有老师时刻处在正确的状态下，学生才会对老师有很好的感受。

在课堂上，老师一旦"雄"压倒"慈"，就会忘记课堂的根本目的是让学生发生改变，他却把课堂异化为显摆自己能耐的舞台。每每有这种倾向，老师就要及时启动"觉"，觉察到自己的状态并停止高高在上的驯化，让课堂重新回到平等的对话状态，这就是"对"。

很多时候，你的状态会无情地出卖了你，以至于学生听不见你说什么。再举个例子。

一位家长开完家长会回来打算与孩子沟通一下，他知道所谓的"汉堡包"反馈法，即先讲优点，再讲不足，最后用鼓励结束谈话。因此，他直接对孩子说："老师说你最近表现得不错，作文有明显的进步，数学也有提高……"话没说完就被孩子打断了："老爸，你就别绕弯子了，直接说但是吧。"

请问，孩子为什么知道在老爸的话之后还有"但是"呢？其实，是老爸的内在状态出卖了他，也就是这位老爸在与孩子沟通时所传递的信息流和能量流不一致。孩子就感受到老爸在装腔——口是心非。同样的道理，老师在课堂上应付学生、讨厌学生，学生们就会秒懂。因此，感受永远比信息来得快，比信息话语权大。

老师首先要发自内心地爱上学生，发自内心地想让他们提升，才能以良好的状态投入到课堂。好课堂是师生完美合作的结果，老师的状态会影响学生的状态，老师用心地教，学生自然会用心地学。课堂一旦拥有师生相互促进的良性互动循环，师生都会有很大的收获。一堂课下来，学生有收获，老师也有收获，课程本身得到了升级，因此，课堂应该形成一个学生、老师、课程本身三者互相促进和提高的良性循环。

只要老师发自内心地喜欢学生，将真心注入课堂，在课堂上充满获得感，才能激发自己深度热爱的动机，渐渐地，老师就会把课堂改造成师生从良性互动中相互滋养的修身场所。**老师是一个富足的职业，传道授业并非蜡烛般"燃烧自己，照亮别人"的牺牲，而是照亮别人，更能富足自己的双赢过程。**今天，我们收获的不仅有来自学生的感恩，还有自己日趋成熟的心智和富足的心态，以及随之而来的自由感和效能感！

## 让学生在概念中获得生动的体验

　　我在2012年写《精品课程是怎样炼成的》一书时，提出了"对于教育工作者来讲，无限的创新空间在于教学形式的创新"这一观点。教学内容在多数情况下是相对固定的，老师教授的是现成理论，而教学形式则可以灵活发挥。有一句名言：**"教学就是让人们在概念中获得生动的体验，其重心在体验。"**怎样让学生对抽象的概念有感觉、有体验是教学设计始终要思考的问题。

　　对于老师来说，为知识配上恰当的体验是教学设计的一项相当具有挑战性的工作，为内容配上恰当的形式却是教学设计的重点和难点。很多老师会为了游戏本身而做游戏，为了练习本身而练习，当我问这些老师："为什么要做这个游戏？"时，他们通常回答："这个游戏太好了，学生们每回都玩得很嗨。"我进一步问："玩得很嗨与所授知识之间的关联是什么？如果二者关联不紧密，再好的游戏都是浪费时间。"

　　一切形式都要服务于内容，形式和内容应该形成相得益彰的关系，和内容没有关联的所有形式，哪怕再好都要果断被砍掉。对老师而言，在教学中的弹性空间、创新空间就是形式的设计。形式设计的要点在于：如何让学生在学习过程中得到生动的体验。

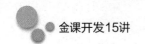 

我在《精品课程是怎样炼成的》一书中还提出，对于教育工作者而言，形式与内容的比例是51∶49，形式要略大于内容。

图书出版后不久，我接到哈尔滨某高校的一位教授的电话。他说："田老师，看了你的书我很振奋，但有一点想跟你商榷一下。你在书里讲形式与内容的比例是51∶49，对于这个比例我有点不同的意见。"我知道他来自高校，就赶紧回应说："对高校教学而言，可能内容的比例应该更高些吧。我这个比例是对社会培训而言的。"不料，那位教授说："田老师，你误会我的意思了，我的意见是你低估了形式的比例，我认为形式与内容的比例应该是80∶20。"没想到他比我的观点还激进。

形式设计的主要目的是让教学多一些感性的体验元素，少一些理性的论证元素，从而适当降低学生的认知负荷，提高其对知识的吸收转化率。下面我来举几个例子。

当我们讲有关泰坦尼克号的故事时，不就是一个沉船事故嘛，几句话可能就说完了。电影《泰坦尼克号》的导演詹姆斯·卡梅隆则通过罗丝和杰克凄婉的爱情故事，把沉船的场景再现，让观众觉得自己就在泰坦尼克号这艘船上。但是，如果去掉这些情感演绎，这个故事用几句话就讲完了：1912年一艘英国的豪华巨轮由于船长的大意，触碰到冰山，沉入了海底了，死了若干人。

当我们理性地讲述"9·11"事件时，无非就是基地组织劫持了几架飞机，撞到了世贸大楼和五角大楼。倘若加上感性元素，我们就可以这样描述这个事件：南希是一个在华尔街从事金融行业的白领，她收入很高，日子过得很好，在一座很体面的大楼的87层上班。有一天，她穿着职业装和高跟鞋去上班，刚坐到办公室，轰的一声，楼上起火了，她来不及问为什么，因为所有的同事都一窝蜂地往楼下跑。她在跑的过程中，鞋掉了，腿瘸了，其他同事的血溅了她一胳膊。她满脸是灰，灰头土脸地终于从办公室跑出来，眼看着办公楼轰然倒塌。这一天是2001年的9月11日。

另外，电影《唐山大地震》生动地演绎了大地震引起的姐弟命运的变化，丝丝入扣，催人泪下。

所以，情境的演绎要有冲突和情绪才会让人有触动和印象。情境演绎能起到让事件由"死"变"活"的效果，演绎出的"活"事件才能让观众产生移情。共情是人类与生俱来的本能，比方说，你看感人的电视剧会流泪，看电视剧里刽子手抡起鬼头刀会下意识摸一下自己的脖子，这就是共情，仿佛自己就是电视剧里的角色。

# 三浪课案：教学形式五要素

理解了形式的重要性和形式设计的基本原则，大家也许会关心：好形式的标准是什么？我的惯性思维就是先定义成功标准，即成果框架。知道了"要什么"，"怎么办"的问题就很容易解决。在我的线下课上，课程开发的形式创新分两个单元进行，且都是三浪教学，而好的教学形式五要素也恰好是经验萃取式三浪教学，所以，我顺便将教学形式五要素的经验萃取式三浪教学用文字描述给大家，以便大家在学习好形式五要素的同时，再次借案例体悟三浪教学。

### 第一浪：深刻印象是怎么形成的

首先，请学生和老师一起探讨一个问题：深刻印象是怎么形成的？尽管我们不知道形成深刻印象的具体策略，但每个人脑海中都有印象深刻的记忆碎片。把这些碎片收集起来，用交叉类比的方式探讨其背后的共性，就有可能总结出好形式背后的要素。所以，第一浪先给大家抛出问题：每个学生分享一个自己亲历的印象深刻的课堂，并简要分析为什么会形成这么深刻的印象。

大家思考一下，从小学开始到大学本科毕业，平均而言每个人都上过2万个小时的课，在这2万个小时的课中，有几堂课让你印象深刻呢？对很多成年人来讲，要在自己的脑海里搜索一堂难以忘怀的课还是蛮困难的事情。原因恰恰是大多数老师在教学中把工作的重心放在内容上，忽略了形式设计的重要性。

尽管记忆碎片不多，但大家集思广益还是能收集到不少的。经验萃取式三浪教学就是把学生置身于解决问题的状态，让学生先激活与所探讨问题相关的经验碎片，经验是与情境紧密关联的知识，再通过交叉类比的方式从经验中萃取情境化的知识。

**第二浪：经验分享故事会**

知识是在经验基础上的升华。只要有足够多令人印象深刻的课堂案例，通过交叉类比的方式总能萃取出好形式的关键要素，继而就可以根据这些关键要素针对性地进行课程的形式设计。为了让大家有带入感，我分享一下在我的线下课中，学生分享的令人印象深刻的几个课程形式案例。

### 【案例1】别具一格的领导力课堂

我曾经参加了一次"卓越领导力"的课程，印象非常深刻。课程总共四天三晚，目标是提升管理者的带队能力。第一天一上课，老师先给每个人发了一套三色球，要求学生在课程结束的时候，每个人必须抛接三色球12次才算毕业。

我被推选为组长，尽管一点基础也没有，却也不得不组织组员们练习，每天课间和晚上都练。不少人在前两个晚上就练会了，我们组有位64岁的企业家却怎么也学不会。于是，我们全组的人都陪他练，甚至练到凌晨3点钟。到第三天检验的时候，我艰难地完成了12次抛接，有的学生甚至能完成18次抛接。

最后，老师让组长组织大家总结学习抛接三色球过程中有关领导力的体会，我们组居然总结出了21条，把老师前几天讲的很多内容都结合到这个游戏中总结出来了。比方说，每次抛三色球的情境都是不一样的，管理者要懂得权变管理；每个球抛出去的轨迹要保持平衡，管理者要懂得平衡和妥协；虽然前两天一直学不会，但一定要坚定信念，管理者要有韧劲；全组组员陪老企业家练习到凌晨，管理者要激发团队的力量……这个训练对我的印象特别深，三色球的游戏成为学生吸收老师所授内容的转化工具，人人都可以把领导力的理论和团队完成抛接三色球的任务关联起来，在具体任务中领悟老师所授的知识。

## 【案例2】意外的C语言编程课

记得大学上C语言编程课，第一节课老师简单介绍了一下基础知识，就布置了一个任务，要求学生用C语言编程实现在屏幕上画出几种曲线的效果。个别学生根本就没做，在临到交作业的时候，把别的同学做的程序拷贝一份，改改变量的名字就交差了。

第二节课老师现场批改作业，老师的电脑连着投影，让每个同学在老师的电脑上先演示一下自己的程序。学生演示完毕，老师让学生先出去回避一下，然后当着全班同学的面把这名学生的源程序稍稍改动一下，算是植入了一个BUG，再把那个同学叫回来，告诉他："抱歉，刚

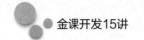 

才把你的程序改坏了，你检查一下，看哪里不对劲，再改回来。"

如果程序真是学生本人做的，一分钟之内他就能把程序修改好。而那些拷贝别人程序的"南郭先生"当下就傻了。我当时的程序是自己写的，用了一分钟就找到老师植入的BUG，迎来一片掌声。尽管我不是计算机专业的，但那堂课对我激励很大，以至于最终改行做了软件工程师。我们宿舍有个学生因为拷贝了别人的程序当堂出糗。后来他告诉我，那堂课对他的学习，乃至做人都有极大的触动，影响也很大。

## 【案例3】实战的高管公关关系能力训练

我们单位的一次对高管公共关系能力训练的课堂很生动。要训练高管的公众发言能力，老师做了这样的课程设计：上午简单讲了一些作为新闻发言人的基本原则和注意事项，下午马上让学生进行模拟采访，每个人30分钟的准备时间，然后接受一次5分钟的模拟采访。

教室里架着摄像头，打着高亮度的摄影灯，老师模拟记者的姿态问学生一些棘手的问题，让他们结合企业的实际情况，运用上午所讲的原则进行回答。尽管采访只有5分钟，但还是把一些学生搞得手心冒汗、声音发抖，他们觉得这个过程太痛苦了。但是，这种训练很真实，是他们迟早要面对的情境。

模拟采访结束后，老师让大家一起看每个人的采访录像，学生们互相点评，老师再给每个人一些针对性的反馈和指导。这一轮折磨后还不算结束，老师接着再给每个人30分钟的准备时间，再接受一次3分钟的模拟采访，仍然全程录像，再让大家一起看录像相互点评。连续3天的经历有的学生说自己瘦了好几斤。尽管被折磨得很惨，但学生们都觉得收获巨大，至少在面对镜头时的沉着淡定已经练出来了。通过这个例子也更加验证了田老师的一句话："能力都是折腾出来的。"

## 【案例4】生动的高中数学课

高中教几何的杨老师是位50多岁的老头，当时有一堂课的内容是立体几何中一个很重要的定理——三垂线定理。这个定理说的是，在平面内的一条直线，如果和穿过这个平面的一条斜线在这个平面内的射影垂直，那么它也和这条斜线垂直。这么枯燥的一个数学定理，很抽象，但我们能够有清晰的理解全是杨老师的功劳。20多年过去了，我到现在还记得。

平时，杨老师来上课时只在腋下夹本教科书走进教室，那天，他竟然拿了几根长长的竹竿。所有同学都很好奇，琢磨着杨老师这是要干什么呢。当讲到三垂线定理时，杨老师就当场拿出竹竿让前排的几个同学在讲台前的空地上摆弄：先在地上摆出一个直角三角形，然后拿着另外一个竹竿竖立在三角形一个锐角的顶点上，再把地上的直角三角形的其余两个顶点和竖起来的那个竹竿的顶点用竹竿连起来。接着，杨老师让全班同学拿小三角板验证新摆成的三角形是不是直角三角形。通过实物验证之后，老师再在黑板上给大家证明一遍三垂线定理。就是这么一个比画，让人一辈子也忘不了三垂线定理。

## 【案例5】挥之不去的时间管理课

我听过一次别开生面的时间管理课，开头的游戏就吸引了我。老师手上拿了一张A4纸，说："这张A4纸代表我们一生的时间，其中，大学毕业前的时间属于为人生做准备的时间，就算1/4吧。"说完就撕掉A4纸的1/4，老师接着说："60岁退休后的时间，留着颐养天年，也不是拼事业的时间，大概也算1/4吧。"又撕掉1/4，老师又说，在剩下的时间中，

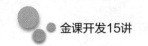

每年有1/3的时间是周末和假期，再撕掉剩下的1/3。接着撕掉晚上休息的时间、生病状态不好的时间、生孩子带孩子的时间……几下子后一张A4纸被撕得只剩下半个手心那么点儿。老师说："这些时间是你可以岁月静好地工作和学习的时间。人生听起来很长，实际上岁月静好地用于工作和学习的时间并不多。"全班同学默然无语，陷入了沉思之中。这位老师用非常形象又合情合理的方式把时间的重要意义展示给大家。

### 第三浪：拷问效果差异，萃取关键要素

分享完学生的故事，老师可以引导学生试图在案例碎片中榨取有效成分。学生分享的经验案例并非知识，经验总是与特定的背景、环境、人物等裹挟在一起，我们必须像屠呦呦在青蒿中提取有效成分青蒿素一样能够萃取出其中起作用的成分，即关键成功要素，才能有效指导接下来的实践。从具体经验中萃取共同的关键成功要素，需要激活学生的评估思维。

老师可以反复问几个问题，比如：

"在案例中，老师的哪些措施使课堂教学取得了如此好的效果？"

"你认为在该案例中最值得借鉴的元素是什么？"

"该案例最让你眼前一亮（特有感触、让人兴奋）的关键点是什么？"

"案例中的哪些措施对课堂效果起到决定性作用？"

不难看出，这些问题其实都是同一问题的不同形式，都指向案例背后的关键成功要素。背后根本的原理还是交叉类比，无非是把案例中老师的做法与一般的做法进行交叉类比。不一样的结果一定是不一样的决策和行为造成的，**以差异化的结果为线索，找到决策和行为的差异，从而萃取出背后真正起作用的关键要素。**

## ■ 好形式的五大要素

我对所有案例背后的有效成分都贴了标签，收集了几十个形容词：生动、有趣、新颖、形象、意外、震撼、参与、反思、印记、激发、体验、折腾、反差、简单等。把多个标签进一步归类，最终我总结出课堂好形式的五大要素。

### 参与

好的形式需要调动学生参与。态度教学要让学生在参与中产生共情，形成情感共鸣。技能教学则需要学生亲自操刀上阵，一直坐在副驾驶是永远学不会开车的。比如，在策略销售的训练营中让学生模拟打单，让他们有身临其境的感觉。参与就是让学生学会折腾，真知灼见都是自己在折腾中体悟到的结果。有时候，人是不撞南墙不回头的，老师可以在课堂上设计陷阱，让学生撞南墙，进而引导其反思和领悟。

我讲过很多场"企业经营管理沙盘"的课程，这个课程最成功的设计就是模拟一个真实的企业，计划、采购、生产、研发、库存、财务等都形象化地展示在模拟团队面前，每一个小组就是一个企业的领导班子，每一个决策都涉及各方利益的均衡，甚至关乎企业的兴衰，CEO带领大家持续地经营六年，看谁能笑到最后。等学生遇到一堆困惑的时候，我再把企业经营管理的理念不失时机地以点评的方式讲出来，学生就会很有感触。教学的真谛就是让人们从"死"的概念中获得"活"的体验，如果没有很好的体验，也不会有深刻的反思和总结。

### 破框

好的形式不循规蹈矩，敢于打破既定框架。被某种信念限制是人们抗拒改变的原因之一，而破框就是出人意料地打破常规认知框架，引发

学生内在的认知不和谐，认知不和谐就会引发焦虑情绪，继而激发学生探寻原因和解决问题的热情。破框主要指突破经验和认知的疆界，看到黑天鹅般"意料之外，情理之中"的不同，从而促使认知突破，认知的改变带动行为的改变。

从注意力的角度看，我们的意识把很少的注意力分配在循规蹈矩的事情上，而把更多的注意力投放在新鲜意外的事情上。故此，吸引更多注意力的策略是走出脚本。脚本是认知心理学中的一个隐喻，是指人们对一个事件默认的流程和印象。

比如，一提到生日宴会我们会联想到吹蜡烛、切蛋糕的场景；一提到结婚我们会联想到迎亲、拜堂、喝喜酒的场景。这些常识性的流程在人们心目中的刻板印象，谓之脚本。而走出脚本要一反常态，与众不同。电影《非诚勿扰》中，办离婚仪式、开活人追悼会，就是典型的走出脚本。只有走出脚本才能极大限度地吸引大众的注意力，赚足眼球，吸引参与。

### 获得

学习意味着要改变原有的思维、行为或者情感模式，在放弃娴熟的旧模式适应陌生的新模式过程中，挫败感在所难免。好的形式要给学生成就感和获得感，比如，学生突然发现自己在某方面的潜力让自己在以前没有涉足的方面获得成功。

爱德华·李·桑代克的效果律告诉我们：当一个行为产生积极效果时，就会激励人们更加积极地投入参与。当然，在经历挫折、付出努力、经过折腾后，最终获得的成就感会更加强烈。在学习过程中，老师始终要让学生的获得感略大于挫败感。

我的课堂常采用发言者得分的形式，但凡有学生发言，我就会根据其发言质量给其所在的小组加分。好的课程会像打游戏一样设计重重惊喜，每取得一点进步就会有一定的回报，用成就感和获得感牢牢地抓住学生。有的课堂互动规则过于复杂，老师的要求又很严苛，学生还没尝到收获的乐趣，就被复杂的规则和严苛的要求挫伤了积极性。

### 荣耀

如果惊喜是个体成长的内在获得，那么荣耀可以理解为一种社会反馈，代表外在认同。荣耀是一种在社会环境中才会产生的情感反应。好的形式要吸引更多的人参与，"独乐乐不如众乐乐"。学生形成一个小的社会环境，有竞争，也有合作，有人表现突出就可以获得某种荣耀，人人都渴望被认同、被欣赏。

表现突出并且对全班学习有特别贡献的学生应该得到更多的荣耀。我在课堂上经常对那些提出好问题或者做出好分享的贡献者给予特别的激励。给那些身经百战又饱读诗书的精英学生足够的荣耀，让他们成为课堂上的第二、第三老师。荣耀是稀缺品，是学生付出的贡献所得，是特殊的地位象征，宁缺毋滥。有的老师讨好学生，奖励和赞誉泛滥，反倒使那些真正有品位有学识的学生不屑参与。

### 连接

连接的含义有三个。其一，形式与内容连接，两者要有关联。形式必须服务于内容，我见过不少的课堂活动玩得很嗨，结束就翻篇了，老师没什么点评，接下来要讲的内容与课堂活动没有太大关系。形式与内容相关是大前提，形式好玩儿是小前提，不能舍本逐末。

其二，形式能够引发学生在某方面的启发，使学生主动与自己的经

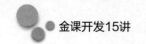
历、处境关联。老师通过让学生感受自己的亲身经历，激发其思考，促进其认知的改变。好的老师不仅需要把精力用在道理的讲解上，更需要把精力用在让学生从概念中获得体验上。

其三，好的形式能够在学生脑海中形成深刻的印记。或者说在学生的大脑里植入一个钩子，使学生以后见到类似的形式就能钩出与之相关的知识。这种方式更能促成学生对知识的运用，进而把知识转化成具体的能力。

至此，我以文字描述完成了一个完整的经验萃取式三浪教学。

# 教学形式创新
## 的关键策略

第11讲

如果把课程的形式创新当成一个病构问题来解决，好形式的五大要素就是成果框架。做任何事情先定义什么是理想的结果，即成果框架。很多时候没思路、没办法的原因是不知道自己要什么。

每每当我犹豫要怎么做的时候，就拼命定义想要的效果，然后再以终为始地分析实现路径。稻盛和夫曾说："只要你知道自己去哪儿，全世界都会为你让路。"

## 形式创新策略后三浪教学

在我的线下课中，如何进行教学形式的创新也是应用三浪教学，而这里的"三浪"指的是后三浪。接下来，我将教学形式创新的后三浪教学也用文字描述给大家，以便大家"一鱼两吃"，掌握形式创新策略的同时，再次借案例体悟三浪教学。第7讲说过，前三浪为理解而教，后三浪为应用而教，让学生尝试用新知解决问题。所以，后三浪的第一浪，老师要给学生打个样儿。我将这一策略总结为，老师画猫，并让学生照猫画虎。

### 第一浪：教学形式设计示范

老师可以先举一个课程实战的案例。比如，当我早年讲"突破限制性信念"一课时，我就采用了教学形式创新。为了让学生对"限制性信念影响人的发展"这一观点有切身体验，我们采用了用吸管扎穿土豆的教学设计。

老师手里提着一袋土豆来上课，袋子里还有一捆吸管。老师先当着学生的面用手掰弯了柔软的吸管，向大家展示吸管确实是柔软的。之后，老师问全班同学："谁能用这根吸管扎穿一个土豆？"几乎没有学生相信柔软的吸管能扎穿土豆，所以没有人愿意尝试。越是资历老、年龄大、职位高的学生，越不愿意尝试。

老师再三动员后，有人表示愿意尝试。很快，尝试的学生找到了感觉，用吸管凿开了土豆皮。这时，老师再次动员，更多的学生表示愿意尝试，最后，干脆每个学生发一个土豆和一根吸管。在十分钟之内，有不少学生扎穿了土豆，那些没有扎穿土豆的学生坚信如果有再多的时间他们也一定能够扎穿土豆。

做完这个游戏，老师采访大家："这个游戏给你什么启发？"大家认为，根据常识，他们不相信柔软的吸管能扎穿土豆，这是固有的认知限制了他们的行动。老师进一步升华主题："其实'吸管扎土豆'式的自我限制有很多，谁能举一些生活中突破自己限制性信念的例子。有学生说："我一开始不相信自己擅长长跑，现在居然能跑半马。"还有学生说："我曾以为自己这辈子都苗条不了了，不料半年居然减肥三十斤。"

收集了很多真实的例子后，全班同学对"限制性信念影响人的发展"这一知识有了生动的体验。老师则进一步引导："如何用今天的所学指导我们未来的行为？"学生回应道："凡事要敢于尝试、勇于创新。"

这门课以后，甚至有人在食堂打饭的时候，跟我打招呼说："田校长，我看到食堂的土豆就想起你给我们讲的课了。"很多学生后来向我们反馈："现在，当我在工作中碰到不敢尝试的事情时，就会想到用吸管扎穿土豆。一想到这里，我就充满了信心。"

这就是形式创新增加了课程的魅力。只要课程的**形式与内容相得益彰**，学生的认知和感受就会形成共振。如果没有吸管扎穿土豆这样的形

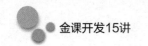 

式创新，单凭老师讲道理，学生早就感到腻味了。

如果以好形式的五要素为标准为这个形式设计打分，参与5分，因为这个游戏做到了让全班同学愿意尝试；破框5分，因为用吸管扎穿土豆确实打破了学生的信念；获得5分，因为每个同学都挑战了以为不可能发生的事并很有成就感；荣耀至少4.5分，因为敢于尝试或者快速完成任务的学生会获得特殊荣耀，这个游戏本身也可以是他们课后聚会时炫耀的素材；连接5分，因为这个游戏跟教学内容、学生旧知紧密关联且形成心锚。

形式创新无极限，老师在实践中可以给好形式的五要素分别打分，并努力思考每个要素该如何改进才能提高。

### 第二浪：教学形式设计练习

老师画完猫后，就引导学生照猫画虎。每个学生拿出自己课程中的某一单元，用好形式五要素对其教学形式进行评价，找出差距，针对性地提高。老师可以用平衡轮作为工具，只要能够厘清一件事情背后的关键成功要素，就可以把这些要素装到平衡轮上，让学生对自己每个关键成功要素的当前状况进行主观评估，同时对各个关键成功要素设立一个通过努力能达到的目标。

目标和现状之间的距离需要用具体的措施来完成，不行动什么都不会发生。这样，老师就可以顺理成章地引导学生挖掘和填补目标和现状之间需要采取的具体措施，让学生在诸多可以采用的措施中选择立即可以行动的那一个。

比如，某个老师的课程形式设计平衡轮可能是下图的样子（见图11.1）。"比萨饼"的每一块代表好形式五要素的每一个部分。圆心代表最低分1分,满格代表最高分10分。我们可以看到每个要素目前的得分,比如,参与当前只有3分,经小组讨论后,需要将其提高到6分,大家便开始集思广益,寻找从3分到6分的具体措施。填补目标和当前水平的差距的措施不必太多,精要就好。

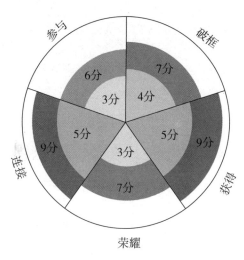

图11.1 课程形式创新平衡轮

顺便提一下,看似简单的平衡轮其实背后有很多心理学原理在起作用,其价值是明显的。

第一,平衡轮实际是一个重要的要素分析工具,采用的是总分结构的逻辑,类似金字塔结构和鱼骨图。凡是能够分解成若干要素的概念,总能用平衡轮这个工具来检查、评估,设定改进目标并制订改进计划,所以它的应用范围极广。

第二,我经常说,平衡轮最值得称道的是它能将非常抽象的概念具象化、视觉化。比如,某件事情的关键成功要素中有"能力"一项,能力是一个很抽象的概念,如果把它装到平衡轮上,意味着强迫学生对这个抽象概念进行主观打分,而分数所确定的扇形面积就成功地把"能

力"这个抽象的概念用扇形具象化、视觉化地表达出来。

第三，对各个关键成功要素设定目标的过程会使目标和现状之间的差距被视觉化地展现。用格式塔心理学的观点分析，直观的差距形成了认知缺口，激发了学生急于"补齐缺口"的完形动力。

第四，补齐缺口的探索是一个非常落地的动作，其直奔具体措施和行动计划。

平衡轮是一套从目标引导到实际行动的有效流程和工具的组合，整个过程不仅逻辑连贯，而且动作环环紧扣、步步紧逼。这套工具让教与学的过程自动进行，甚至可以说，平衡轮是一个很好的自我学习工具。

### 第三浪：创新教学形式汇报点评

在第三浪中，学生们汇报作业，每个小组派代表汇报自己的形式改进平衡轮，老师及全班同学给予点评。我经常说："我也不知道什么是好形式，只要你分享出你的形式创意，我就知道它好不好。"好形式的五要素不仅能够引导我们头脑风暴的方向，更是帮助我们评价是否是好形式的标准。全班同学都可以在汇报中运用这个标准做出评价，更可以无限制地借鉴别人的创意。

真正好的创意会令人兴奋，所以，我还有一条隐含的评价创业的指数，那就是兴奋度，即能不能让人禁不住尖叫。不能让老师自己兴奋的教学形式，在课堂上也很难让学生兴奋。课堂的第三浪教学常会演变为全班的团队共创，我在这个环节经常给学生一些灵机一动的指导，连我自己都暗自叫好。

有时，我也很纳闷为什么总能给学生上佳的教学形式方面的指导，后来我逐渐明白，大概因为同样的课上得多了，潜意识里就有一个教学形式创新的"数据库",脑海里有大量好的教学形式案例,这些案例会在关键时刻给人灵感,经验数据积累多了就会逐渐形成隐性算法,经验数据和隐性算法是一种不可复制的能力。因此,老师一定要多上课,持续丰富自己学科经验的数据库,在课堂上持续丰富自己的阅历,提升自己的隐性能力。

## 重在设计学生的参与

如果内容的教学设计本质是帮老师制定不同内容的教法,那么形式的教学设计本质是设计学生的参与方式。初阶老师会把自己如何教当成教学设计的全部,只有高阶老师才会更加用心地设计学生如何学。

其实,任何一堂课都是师生合作的结果,而教学设计更像盖房子一样,四梁八柱是房子本身的结构,而房子的价值却不是四梁八柱,是建筑结构搭建的空间。同样的道理,老师教给学生态度、技能、知识,对学生而言有价值的不是内容本身,而是运用所学的内容解决现实问题,做出更好的反应。

### ■ 课堂上的"有无相生"

老子在《道德经》中说:"三十辐共一毂,当其无,有车之用。埏埴以为器,当其无,有器之用。凿户牖以为室,当其无,有室之用。故有之以为利,无之以为用。"房子和器物的价值都在于其空间。我们把教学内容和教学形式比较一下就会发现,如果内容是讲老师是如何教的,那么形式其实是讲老师如何设计学生的参与和体验的。

老子所说"有之以为利"恰如教学内容的"有",内容结构方便老师教,形式空间则方便学生学。"无之以为用"则是课堂要给学生留下

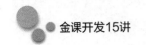

参与的空间，学生的点滴收获都是其自己折腾的结果，只有学生身心投入到课堂，有效的学习才会发生。

建构主义教学主张老师与学生应该轮流主导课堂，教学应该在师生的互动中进行。所有需要形式设计的环节，就是把课堂的主导权交给学生的环节。越是主导权不在老师的环节，越需要精心设计学生的参与和思考过程。上课也是同样的道理，老师的语速要慢，要善于留白，给学生留下思考的空间。

八大山人的画作非常善于留白，因此给欣赏者留下很大的想象空间。好的艺术作品不在于其淋漓尽致地表达，恰在于其能够引爆想象。同理，好课堂都是师生合作的结果，老师讲得越多，学生参与的机会越少，而点滴收获都是学生折腾的结果，学生不折腾是不会有获得的。

所以我常说："把道理讲透的是菜鸟，善于留白的才是高手。"而留白不是随便留白，是有设计的留白。内容和形式恰是硬币的两面，内容设计是阳面，形式设计是阴面，二者同等重要，不可偏废。

### ■ 像设计游戏一样设计课程

从某种意义上讲，课程形式的设计要借鉴游戏设计的原理。要对课程形式进行游戏化设计，当然要借鉴游戏设计的四大要素：目标、规则、反馈和自愿参与。

第一，目标。要明确定义学生要完成的任务，即做到何种程度才算赢。且目标对学生来讲不仅要有意义、有价值，还要有兴趣、有能力去完成它，同时还要和教学内容紧密关联。

第二，规则。什么是允许的，什么是不允许的，边界清晰，规则明确，才可以放手让学生参与。凡是把课堂主导权转移给学生的环节，一定要目标明确，规则清晰，用规则维持秩序。

第三，反馈。学生的每一次决策、每一步动作都要有老师及时的反馈。正反馈能促进学生形成"认知—行为—情感"的愉悦回路，负反馈能够促进学生的反思。学习的生理本质是在脑内建立有意义的神经元关联，而反馈促进反思，反思促进内在神经元的关联。因此，及时有效的反馈是学习过程最稀缺的资源，也是学生持续学习的动力来源。

第四，自愿参与。如何让学生一开始就愿意参与？如何让学生持续参与，像玩游戏一样有欲罢不能的感觉？如何让学生有回味无穷的感觉？这些都是课程的形式设计要思考的问题。不要用外力强制学生学习，而要思考如何让学习像打游戏一样有魅力，吸引学生学习。

如果老师心目中只有内容，课堂就缺少充分发挥自己才能的弹性空间，恰是课程形式设计给老师提供了充分发挥自己才能的空间，老师可以尽情地发挥自己的创造性，让课堂变得生动有趣，使课堂更具艺术气息。

## 纵深转化与横向扩张

有学生问我："田老师，我学习越多越焦虑，认知越高越对自己不满意，可是一下子又不能彻底改变，就更加焦虑了，怎么办？"这确实是个大问题，我们的认知脑很容易获取新的知识，但是并非所有的知识都能转化成自动化的行为和情感反应。

从某种意义上讲，学习过程的焦虑是必然的，认知提高了，行为却做不到，换句话说，脑细胞改变了，体细胞却做不到相应的改变，获取的知识徒增脑细胞和体细胞的分裂。脑细胞通过"分析—理解"的方式

改变，体细胞则通过"体验—感受"的方式改变。

为什么人们把只讲前沿知识理念，不讲解决任何实际问题的各种讲座戏称为贩卖焦虑，就是因为知识转化不成能力，只能徒增学生的内在焦虑。我认为，全世界的教育工作者都应该学习中国古人重视实修的教育理念，我们的祖先非常重视转化，教育实际上是"教化"和"化育"两个词的组合，"化"才是学习的重点。

其实，我们并不需要太多的知识也能过好这一生，关键要把有用的知识转化成一种自动化的反应。有海量知识的人未必有文化，有文化的人也未必需要太多知识，知识的积累是横向扩展，文化的积累则是知行合一的纵向深化。

当今教育的误区正是重知识输入而轻能力转化，读了很多书却不能有效地运用。读书也好，听课也罢，只有领悟的部分才真正属于你，其余部分哪怕背得滚瓜烂熟，也顶多是茶余饭后的谈资。

而设计新颖的教学形式的目的正是帮助学生产生更多的转化，消除脑细胞和体细胞的分裂，**用新颖的形式设计促进脑细胞和体细胞和谐一致地改变，也就是我说的"让眼睫毛和脚指甲都发生改变"。**

如果语言、意识、思维对应的是脑细胞改变的要素，那么感受、潜意识、状态对应的就是体细胞改变的要素。前者是信息流，后者我称为能量流。信息特指意识能量和语言信息，能量特指潜意识能量和非语言信息。教学形式的设计其实就是学生学习体验的设计，旨在改变学生的潜意识和内在状态。

王阳明说："知是行之始，行是知之成。"脑细胞的改变是知识学习的开始，体细胞的改变才是学习的完成。维果茨基认为，行动是学习的必要环节，而不是学习的结果体现。

　　教授学生知识好比给身体打疫苗。疫苗其实是毒性弱化了的病毒，疫苗的作用是刺激身体的免疫系统与其病毒对抗，对抗后身体就产生了抗体。倘若疫苗在被注射进身体时很轻易就被免疫系统杀死，身体也就不会产生抗体。与众多强大的体细胞相比，几个认知脑细胞的改变显得势单力薄，倘若不采取措施促成脑细胞和体细胞的同频共振，把觉知转化为自动化的行为或情感反应，脑细胞的改变迟早会被体细胞的惯性横流所淹没，一点痕迹都不留。

滋养心灵的成
长性目标

第12讲

要想对教学形式设计有更深刻的理解，需要再次回到教学目标上。早在十多年前，我率先弃用了传统的教学目标表述，转而采用表现性目标。几年后，我发现了表现性目标的局限性，那就是表现性目标会让师生把精力过分倾注在看得见的外在表现上，把教学搞得很功利，而忽视了更重要、更本质的冰山下部分的对学生心灵的滋养。老师只想着给学生知识、技能，却忽视了让学生把自己的整个心灵也带进课堂。为了弥补这一缺陷，我提出了成长性目标。

## "成为谁"比"学什么"更重要

表现性目标指的是学生学到知识后，认知系统和反应系统的改变，即学习后学生能够完成什么样的任务，表现出什么样的能力等。显然，这没有囊括教学的全部内涵，是教学目标的维度缺失。教书只是教学的冰山上部分，育人才是教学的冰山下部分，如果表现性目标是教书目标，成长性目标就是育人目标。

如果老师只把自己的工作局限为传授知识、技能，充其量是个教书匠，而不能成为教育工作者。在课堂上，教书和育人同时进行，也就是表现性目标和成长性目标要并重。传授学生知识、技能的同时，也要滋养学生的心灵，塑造学生的人格，这才是集教书与育人为一体的完整教育。不能把学生人格的塑造、精神的培植以及心灵的滋养交给品德老师，而要将这些渗透到每一堂课，分摊给每一位教育工作者。

爱因斯坦说："把学校教授的知识都忘记了以后，剩下的部分就是教育。"剩下的部分具体应该是什么？我认为是情怀、信念和解决问题的能力。在课堂上，学生的精神系统、自我系统、情感系统、认知系统、行为系统全都在线，作为老师，有什么理由把精神系统、自我系统

和情感系统置之不理，只为学生的认知系统和行为系统提供一些信息呢？

只关注认知系统和行为系统的教育不是真正的全人教育，老师不仅要让学生学会做什么、被什么感动，而且要滋养学生的心灵，让他知道自己能够成为什么样的人，并且掌握如何学习的技能。而成为什么样的人和如何学习其实是学生走出校门之后赖以谋生的最关键的能力。表现性目标针对的是行为系统、认知系统改变的目标，而成长性目标针对的是一个人的精神系统、自我系统、情感系统得到滋养的结果，是人格塑造的目标。

周恩来在青年时就立志"为中华之崛起而读书"，说明他的自我系统已经建立起来了，学习的目标不再庸俗和功利。最近被社会热议的一个现象是中国的名校留学生留学一去不返的问题，这个现象与钱学森等老一辈科学家义无反顾回国报效祖国形成鲜明对比。谴责那些一去不返的学子并没有太大意义，反倒应该反思在他们的学习过程中缺少了哪些元素。

玄奘的伟大，并不在于他不畏艰难的西去，而在于他不忘初心的东归。玄奘之所以能够不忘初心的东归，因为他很清楚自己是谁，为什么去，这就是知道自己能够成为什么样的人，不畏艰难的西去，只不过是具体的行为。

还有更极端的案例，复旦投毒案的硕士林某浩、云大杀死舍友案的马某爵、北大弑母案的吴某宇都可谓饱学之士，却做出让人无法理解的事情。我们不要只看一个人的表现，一定要思考其表现背后的原因。

所有罪大恶极的罪犯都曾是洁白无瑕的孩子，我们要思考：什么样的经历和教育让洁白无瑕的孩子变成了罪大恶极的罪犯？他们在成长过程中经历过什么遭遇？受过什么教育？教育中要增加什么元素以防止这样的现象再次发生？这就涉及冰山下部分的成长性目标。

成长性目标对应人的精神家园，每个人的内在都有"神龛"，关键要看神龛里驻扎的是哪尊神。爱因斯坦说："我热爱物理学，因为我深知物质的力量。但是对物理学研究越深入，我越发现物质的尽头，屹立的是精神。" 成长性目标和表现性目标的关系也可以理解为德和才的关系。司马光说："德为才之帅，才为德之资。"德是冰山的主体，占主导地位，才是冰山的显现，是德的辅助，为德服务。只有解决了"要成为谁""为了谁"而学习的人，才能把才干用在正确的地方。反过来，有了情怀和抱负，还需以才能做资本，因为才能可以让你的情怀落地。

朱熹说："天下之害，无不由末之胜也。"这句话的意思是，本末颠倒是造成诸多不幸的本源。**真正的教育工作者在课堂上绝不会只教书不育人，只有把育人始终当成第一要务的老师才是真正的教育工作者。**

## 成长性目标的成果框架

成长性目标就是育人目标，它的作用点是学生人格成长。人格是一个人在社会交往中表现出来的相对稳定的内部倾向和心理特征。美国加州州立大学领导力教授赖安·戈特弗雷森在他的《心态》一书中指出，一个人每天要做大大小小的决策3万多次，其中90%以上的决策是没有意识加工、没有思维活动，直接由潜意识决策的。而这些不假思索的选择恰是由心态过滤的。

教学除了要给学生知识、技能外，更重要的是不断地滋养学生的心灵，帮助学生发展健康人格和积极心态、建构有高尚情操和远大理想的

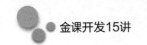

精神世界，养成良好的思维模式和自律习惯。而这一切都和课程的具体内容无关，却和学生的人格息息相关。因为在课堂上，老师面对的是学生的全人，所以教书和育人永远都是同时进行，密不可分的。

表现性目标是教书的成果框架，成长性目标是育人的成果框架，为了便于操作，很有必要定义一下成长性目标的成果框架。概而言之，我认为，对学生人格的塑造和心灵的滋养包括以下几个方面。

### ■ 格局视野：远、大、全、透地看问题

爱因斯坦说："人是宇宙的一部分物质，而且是受时空限制的一部分。人们会觉得自己的思想与感受和宇宙其他部分是割裂的，这是意识的一种错觉。这种错觉是我们的牢笼，将我们的欲求和情感限制在少数一些和我们亲近的人当中。我们必须将自己从这个牢笼中解放，拓宽我们的胸怀，去拥抱所有生灵和整个世界的美，这是我们的使命。"格局体现在一个人看问题的角度上，摆脱环境及自身的束缚是一生修行的功课，孔子能够"年逾七旬随心所欲而不逾矩"，是一生修为的结果。

《菜根谭》有言："立身不高一步立，如泥里濯足，尘里振衣，如何超达？"如何才叫立身高？我认为，能够远、大、全、透地看问题可谓立身高、格局大。

第一是远，即目光朝着未来，把握未来趋势，懂得顺势而为，不急功近利，不争一时得失。在有150万人的纳粹集中营里只有7000多人存活下来，弗兰克尔就是艰难存活下来的人之一。他发现，那些能在极端困境中顽强生存下来的人，是心中有梦想的人，是赋予痛苦某种长远意义的人。

第二是大，即突破小我顾全大局的精神。王阳明先生说："人胸中

各有个圣人。"心中的圣人常常被唤醒，拥有家国情怀，愿意为民族、国家甚至人类做出奉献的精神。缺乏家国情怀，没有担当精神的所谓精英主义者最终必然发展为精致的利己主义者。

第三是全，即看问题全面，有系统思维，能从各个角度权衡问题，兼顾各方利益和感受的意识。顾全大局就是能够从更高维度俯瞰全局，知己知彼，平衡权变，努力斡旋使各方都满意的智慧。

第四是透，即透过现象看本质，直击要害的能力。如今，很多人经常迷失在繁忙的工作中，而忽视了真正重要的东西。

## ■ 自我价值：自信和志向比知识重要

有一项著名的心理实验：伤痕实验。发起者向参与者称，该实验旨在观察人们对身体有缺陷的陌生人做何反应，尤其是面部有伤痕的人。每位参与者都被安排在没有镜子的房间里，由化妆师在其左脸做出一道血肉模糊的"伤痕"。参与者只允许在妆后用镜子看一次效果。

有趣的是，在参与者看到自己的化妆效果即将出门的时候，化妆师要在"伤痕"表面再涂一层粉末，以防止"伤痕"被擦掉。实际上，化妆师用纸巾偷偷抹掉了"伤痕"，而参与者对此毫不知情。参与者回来后竟无一例外地叙述了相同的感受：与以往相比，人们对他们粗鲁无理、不友好，而且总是盯着他们的脸看！其实，他们的脸上什么也没有，之所以得出那样的结论，是错误的自我认知影响了他们的判断。

西方有句格言："别人是以你看待自己的方式看待你。"一个从容的人，感受到的多是平和的眼光；一个自卑的人，感受到的多是歧视的眼光；一个和善的人，感受到的多是友好的眼光；一个叛逆的人，感受

到的多是挑剔的眼光……一个人的自我形象以神奇的方式影响着一个人的思维方式和行为方式。

在教学中，给学生信心比给学生知识还重要。有不少老师为自己的气场不足而烦恼。而气场说到底是自我形象和内在状态通过潜意识的表达，只有足够自信的人才能带动别人自信。老师以什么样的状态站在讲台上对学生的学习效果影响甚大。

比帮助学生树立自信更重要的是引导学生树立远大的人生志向：重要的不是你现在是谁，而是将来要成为谁。陶行知曾说："人生为一大事来，干一大事去。"老师要帮助学生思考"干一大事"是一件什么事。王阳明先生在《教条示龙场诸生》所树立的"立志、勤学、改过、责善"四规矩中，首推立志，且说"志不立，天下无可成之事"，可见王阳明先生对立志的看重。

有远大志向的人能聚焦更多能量，更有毅力，更能对抗感性的烦恼。韩信甘受胯下之辱，张良星夜受书，皆如苏轼所言："其所挟者甚大，而其志甚远"，因为志向远大，所以能忍常人所不能忍，为常人所不能为。

### ■ 浩然正气：让学生接受真善美的洗礼

复旦大学王德峰教授评价那位给室友投毒致室友死亡的硕士："在他成长的道路上，肯定没有读过伟大的人文经典，至少没有读过伟大的悲剧作品。他的心灵没有受到过震撼，他的灵魂没有得到过洗礼。他的智商不会低，因为考取复旦是不容易的。他缺少什么？他根器不利。"一个人的精神没有得到滋养，灵魂没有得到洗礼，胸中缺乏浩然正气，便很容易唯利是图，没有底线。

孟子的"人皆可以为尧舜",王阳明先生的"人胸中各有个圣人",都可以理解为人类集体潜意识里的真善美的原型。哈佛大学校长劳伦斯·巴科曾经在演讲中说:"人生就是一场牌局,每个人都是玩家,总有一半的牌在上帝手中。未来会发生什么是上帝手中的牌,任何人也不知道下一刻上帝会出什么牌。但无论上帝出什么牌,都要坚守内心的善良和原则。"这份坚守的善良和原则就是价值观,越是关键时刻、两难境地,越挑战一个人的价值观。

古人讲:"禁忌之处显风骨。"人们在关键时刻做出尊重自己的选择,才叫显风骨。风骨可以理解为价值观的中国式表达,这句话也可以理解为,关键时刻显现一个人的价值观。价值观就是人们最在乎的、愿意用毕生精力去追求的某种精神。和平岁月的价值观隐藏颇深,一旦到了关键时刻,当人们面临选择的困境时,其价值观就会显露出来。

孟子说:"我善养吾浩然之气。"浩然之气怎么养?浩然之气需要长时间在正能量的状态下浸泡。每一次的化邪念、起正念都是强化正能量的神经元回路。遇到外界刺激,大脑的工作方式就是根据刺激线索匹配并激活相应的神经元回路,做出相应的反应。人们平时滋养善念就是为了在关键时刻匹配和激活善的神经元回路。

**塑造人格的关键是让学生对普世的真善美有体悟,能够感受到真善美就在身边,就在生活中。**这样,心中的真善美就会在关键时刻冒出来起作用。另外,基本的道德约束,如对生命的敬畏、对人的尊重等,也需要学生持续强化。然而,以上所述需要老师本人先对真善美有体悟,老师没有的东西是给不了学生的。

### ■ 方法习惯：成为遇事有招的人

还有一项与人格紧密相关的元素是做事有章法、干活儿有习惯的良好素养。我经常在团队中说："遇到问题可以没有答案，但需要思考用什么方法得到答案。"爱因斯坦说："解决问题的方法比答案重要。"解决问题的方法是重要的素养，学生不仅要学习知识，更重要的是透过知识的学习培养解决问题的方法论，掌握治学的方法，养成学科的基本素养。

所谓方法技能，就是解决某类问题的一套框架流程和工具的集合。方法技能的总结需要一个去背景化的抽离过程，萃取方法技能的目的如同盖房子需要事先做好的预制板一样，为了下次遇到类似情境做到快速反应。有丰富的方法技能的组织才是经得起历史考验的组织。行动学习、五星教学等都是典型的方法技能，大脑积累了很多方法技能的人，他们的应变能力就会很高。所以，要把学生培养成遇事想招、遇事有招的人。

除了方法论，养成很好的习惯也非常重要。知识不等于能力，学生要养成通过大量刻意练习和认知折叠把知识逐渐转化成自动化反应的习惯，成功源自知识的持续积累，而持续积累离不开好习惯。卖油翁让油穿过钱孔而不湿的功夫是长时间训练的结果，习惯都是通过大量的刻意练习最后由潜意识完成的。好习惯不仅能够大大提升做事效率，而且有极好的积累效应。值得一提的是，学习方法和习惯是更为核心的素养。

我想，对学生人格的塑造和心灵的滋养最核心的方面就是以上四者，另外，如积极心态、成长性人格与创新品质、坚毅品质、爱心和人际能力等特质都很重要，也在其中。

## 成长性目标的教学策略

如果表现性目标指的是有意识地通过信息流传递和检验的教学目标，那么与之对应的成长性目标就是通过能量流传递和检验的教学目标。教学从来都不只是信息的推送，而是信息流和能量流的双重互动。在优秀的课堂上，学生能体会到语言和情绪的共鸣，能体会到信息流和能量流的同频共振，能感受到"言情激荡、悟来创往"的思维与情感呼应。

对学生人格的塑造不能靠喋喋不休地说教，而要将其渗透到具体的教学中，换句话说，任何课堂首先都是文化课堂，任何教学首先都是态度教学。我把教学中的成长性目标比作食物里的盐，饭菜里如果没有盐会特别难吃，但也绝对不能干脆拿几克盐让学生直接吃，要把其溶解到每一道饭菜里。

成长性目标同样要溶解到每一堂课里。思政教育绝不只是政治老师的事，而是每一位教育工作者的责任——把育人工作溶解到每一堂课里。无论给学生教什么学科，老师都要思考：如何在给学生知识的同时给学生信心，如何在提升学生认知水平和反应水平的同时，滋养其精神系统、自我系统和价值观系统。同时，这些都不应该被煞有介事地专门开展，而应该被润物无声地融入到教学过程中。

我经常用"圆圈会"的方式组织学生交流某一主题，比如，让学生分享迄今为止对其影响最大的一位老师，并分析该老师用什么样的方式影响了他。这种交流活动会涌现很多感人的故事，这些故事对老师在课堂上如何塑造学生人格很有启发。

我发现，老师对学生人格的塑造有三个特点：第一，老师通常无意

识地深度影响学生。第二，老师对学生的影响与教学内容几乎无关。第三，学生主动对老师的言行做了深度加工和建构。我经常感慨说："作为老师，你永远不知道你的学生向你学到了什么。"因为大多数时候老师对学生心灵的滋养是悄然发生的。下面我举几个例子。

有位学生分享了他的初中数学老师对他的影响。一次上晚自习，老师正在给他们讲题，突然全校停电了，满教室一片漆黑，学生们一片哗然，有人诧异、有人紧张、有人尖叫……只有数学老师非常淡定，纹丝不动地站在讲台上，略做停顿后继续讲他的题，就像什么都没有发生一样异常镇定。

数学老师的这一举动居然对这位同学产生了终生的影响，他说："老师用行动告诉我们，无论发生什么情况，心都不能乱。心不乱，世界就不会乱，心乱了，世界就乱了。"停电时老师淡定的做法触动了学生的灵魂，以至于他说："每每遇到突如其来的、让人慌乱的状况，我的脑海里就闪现出在漆黑教室里淡定讲题的数学老师的画面，那幅画面能让我迅速恢复理性，平静下来。只有平静下来才有足够的精力和智慧应对复杂状况。"

在混乱的环境下保持冷静是非常宝贵的品质，而这种品质确实不能用语言传授。数学老师用身教胜于言传的方式将这种宝贵的品质赋予学生。所以，育人很考验老师的修为，老师可以把自己做不到的知识传授学生，却很难把自己不具备的品质赋予学生。

还有位学生分享了他的小学语文老师的故事。在他上小学的时候因为地区饥荒经常饿肚子。有一次上语文课，老师让同学们放声朗读课文，这位同学实在饿得不行没有精力朗诵，就趴在课桌上休息。在教室巡视的语文老师发现了他，悄无声息地走出教室。等他被老师摇起来的时候，发现课桌上多了一只搪瓷杯子，老师示意他打开，里面居然是半杯子温热的挂面，那是他一辈子吃过最好吃的食品，他含泪吃下的不仅是挂面，还有老师的关爱。他说："从那以后，我遇到生活困难的人总会慷慨解囊。"

一个人的小时候被怎么对待，长大就会用同样的方式对待别人。如果人世间有回报最高的投资，那一定是不求回报的爱的投资。生命中的关键时刻是灵魂受到触动的时刻，灵魂触动才会有切实的改变。我经常说，作为老师，在职业生涯中没有几个学生的人格因你的影响发生重大改变，就说明你只是个教书匠，而非教育工作者。

有趣的是，对学生人格的塑造似乎只能无意识地熏陶，不能有意识地施教。我们常说："学高为师，身正为范。""学高为师"的"学"是通过语言、意识、思维去传递的，是言传；"身正为范"的"范"则必须通过非语言、潜意识、精神状态去感染，是身教。

正如卡尔·西奥多·雅斯贝尔斯所说："教育就是一棵树撼动另一棵树，一朵云推动另一朵云，一个灵魂唤醒另一个灵魂。"这里的"撼动""推动""唤醒"三个动作大多都是非语言形式的。

正因为如此，尽管我提出成长性目标，却并不主张把成长性目标用语言描述出来，不主张有意识、功利地实现塑造学生人格的成长性目标。重要的是，**老师必须时刻意识到教书的同时也在育人，传授学生知识的同时也要滋养学生心灵，在教学过程中捕捉契机，见机而作。**

读高质量的文学作品也是非常重要的塑造人格手段。早年我读书很功利，总觉得小说就是瞎编的故事，读小说还不如读历史。后来随着心智的成长和对脑科学、心理学的研究，越发敬佩文学巨匠。经典的文学作品，能用文字给人一种心灵的体验，潜移默化地影响一个人的身份和

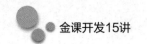

价值观，大文豪无一不是大教育家。

我经常建议年轻人多读一些人物传记，我认为精英的传记里隐藏着某种精神魂气，如果你读他们的传记，恰好被其中的精神魂气电到，便豁然开朗了。埃隆·马斯克就是读了《特斯拉传》而觉醒的，他就是从偶像尼古拉·特斯拉和史蒂夫·乔布斯身上获得魂气的。李开复在他的《世界因你而不同》一书中提到，他正是在卡内基梅隆大学受到导师的影响才牢固地树立了"Make difference"这一人生信条。

课程可以分阶段，育人却是连贯的。十年树木，百年树人，人的变化是一个漫长的过程，至少需要较长的时间和多种形式的促进。关注人较长时间的培养是一个培养项目，而不仅是一个课程开发。

梳理结构的五
大基模

第13讲

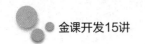

好的课程必须用好的结构把不同的内容组织起来。课程如果缺乏令人信服的内在逻辑结构，给学生的印象就是知识点堆砌起来的拼盘。如果把内容比作美食，结构就是盛美食的盘子；如果把内容比作珠子，结构就是把这些珠子串成项链的链子。

我们的大脑天生喜欢秩序和条理，厌恶无序和混乱。大脑对信息的加工处理能力是有限的，同时处理的信息元素超过七个，大脑就捉襟见肘了。假如某领导发言，一开始就说："我今天的谈话包括十五个要点。"恐怕话音未落，听众就先崩溃了。

同理，老师传达学生的信息超过学生的大脑处理能力，就会唤醒其焦虑情绪，被焦虑情绪控制的大脑工作效能会很低。倘若领导说："我今天的谈话包括五个方面内容，第一个方面有三个要点……"这样，把五个方面汇总下来还是十五个要点，受众就不会觉得头疼，反倒觉得清爽有条理。

## 学习过程即结构化过程

我经常在课堂上抛出一个问题：课程的形式重要还是结构重要？让大家举手表明自己的立场，并把学生分为两派进行辩论。我发现，逻辑思维强、惯常走脑的人会拼命论证结构的重要性，而情感丰富、惯常走心的人会强调形式的重要性。有趣的是，两派辩论的风格也表现出明显的差异，结构派多采用论述分析的方式，形式派多采用抒情实证的方式。

实际上二者都很重要，走脑的人对结构更敏感，他们觉得形式不重要恰是因为他们身上缺乏感性元素；走心的人对形式更敏感，他们觉得结构不重要恰是因为他们身上缺乏理性元素。所以我经常说："你的修身方向在你优势的阴影里，你不喜欢的人身上有你缺乏的元素。"我们可以借课程开发修身，充分发挥自己优势脑的同时，刻意开发自己的劣势脑。

经验和知识最大的区别是，经验是朴素的，知识是结构化的。结构化实际上是思维的需要，只有从朴素的经验中抽取出结构化的模型才方便思维的加工和学习。因此，结构化才是学习的真相，把书上看到的知识、自己的经验以及感悟整合成结构化的模型才方便大脑的存储、提取、加工和运用。

从建构主义的角度讲，课程开发的过程恰是老师自己最重要的学习过程，也是把外来理论、间接经验以及直接经验整合成自己体系的过程。结构好比课程的基因，课程的结构最能看出老师对知识融会贯通和整合架构的能力。

所谓天下文章一大套，看你套得妙不妙，"套得妙"就是指整合架构的逻辑让人信服。管理类的文章和课程，哪怕是大师的作品，只要其结构被打散了，随便抽出作品中两三百字来，读起来也不过是些非常普遍的常识。

从老师的角度讲，开发一门课程不仅需要知识的整合，还需要案例、形式、工具的有机整合。好结构自带魅力，既方便老师呈现，也方便学生理解。课程开发的难点在于把林林总总的素材整合在一个清晰可信的结构框架中，我经常开玩笑地说**课程开发就是先把自己逼疯再治好，脑袋里装很多素材，然后再慢慢整合在一起。**

老师把几十本书的理论观点、多个最佳实践案例以及形式设计策略有机整合的过程实际是把别人的理论、素材吸收转化为自己的内容过

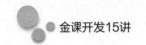

程。其实，无论是哪个领域的专家都需要通过开发一门精品课程实现自己对知识、经验的升华和整合。老师中的高手会用结构把各种素材整合起来，给读者完整有序的感觉。

从学生的角度讲，学生在学习的过程中也要建构个人版本的理解，把老师传授的知识解构后尝试放在自己的结构里。所谓消化就是分解再建构的过程，我们吃鸡肉、鸭肉、牛肉，都得将其消化变成营养，最终长成自己的肉，消化过程势必要破坏食物原来的结构，然后用我们自己的RNA把蛋白质碎片重新整合成自己的DNA。

学生在学习过程中一直试图用自己脑海里已有的知识结构消化新知，所以，梅里尔教授在讲五星教学中激活旧知的环节时提道："当学生激活组织新知的结构时，才会促进学习。"查理·芒格道出了学习的真相，他说："要想成为一个有智慧的人，你必须拥有很多个模型。你要在头脑里形成一个由各种思维模型构成的框架，然后将实际经验和间接经验都悬挂在这个强大的思维模型框架上进行拷问。"

我经常在课堂上观察到用旧思维模型消化新知的现象，有的学生听我讲五星教学，感慨说："你讲的五星教学不就是胡同赶羊教学吗？你看，知识的底牌好比胡同，学生贡献的观点好比羊，无论学生贡献了多少只羊，总能被老师赶到知识结构的胡同里。关键是这个羊要赶得自然巧妙，不能硬赶。" 这位同学就是用他"胡同赶羊"的旧知类比五星教学这个新知。

还有学生说："老师，你讲的库伯的经验学习圈，在我看来就是PDCA。"这位同学则是用他PDCA的旧知理解库伯经验学习圈这一新知。还有学生说："所谓的阿米巴经营，在我看来不过是变种的全面质量管理。"这些都是在学习过程中尝试用旧知消化新知的积极现象。

# 收集经典课程结构案例

如何把横七竖八堆砌的素材整合成结构严谨的课程？我还是喜欢用"收集碎片找规律，利用规律解难题"的工作方式带领大家探索这一问题。我认为，每个人的脑海里都会有一些已经被证明了的结构优美的案例，这些案例最好是经典课程的例子，甚至结构精美的文学作品或者电影也可以作为我们探索规律的素材。下面我先列举几个我认为经典的结构案例。

## 案例1：高效能人士的七个习惯

史蒂芬·柯维先生的著作《高效能人士的七个习惯》是经典中的经典，其组织结构也非常完美。柯维把人的成长分为依赖、独立和互赖三个阶段，从依赖成长到独立要养成三个习惯："积极心态""以终为始"和"要事第一"。倘若养成了这三个习惯，就可以成为一个独立的人。

人要在社会中生存就得学会合作，并且从独立成长到互赖。从独立成长到互赖又有三门必修的功课："双赢思维""知己知彼"和"统合综效"。当然，人人都应该持续修身，成为终身学习者，并且养成"不断更新"的好习惯。柯维利用完美的的结构把七个习惯收纳了起来，不仅给人逻辑上的完整信服感，而且让每个人能够用这个结构检验自己成长的状态，确定其修行的重点。

## 案例2：关键时刻（Moments Of Truth，MOT）

MOT的大逻辑是以线索为结构的，一开始就把读者置身于一个悬疑场景：一个老客户无情地抛弃了合作二十多年的Myco公司，断然决定

把四千五百万美金的大单给了竞争对手，究竟发生了什么？以丢单为线索，带领学生一起回顾最近几个月Myco公司不同职位的五个人跟客户打交道的多个环节：无辜的留话者、好意的同事、繁忙的客户经理、不倾听的副总裁和于事无补的求助热线……

每一个环节都采取播放视频抛问题、引发讨论、关键时刻的行为模式分析、达成共识、老师点评等几个阶段，用关键时刻的行为模式这一不变的模型分析五个不同的客户交互场景，并在每一个场景中都强化一遍关键时刻行为模式的四个要点：探索、提议、行动、确认(Explore、Offer、Action、Confirm，EOAC)，用同一模型分析当事人与客户打交道的行为动作：他是怎样探索的？他提议了什么？他的行动是什么？最后又是如何跟客户确认的？

我戏称MOT是莲藕结构。整个课程像一个有五个节的莲藕，把其中的任何一节切开，我们就会发现其横断面都是四个孔：探索、提议、行动、确认。整体有一个逻辑，每个部分又有一个与其他部分同构的逻辑。就像剪力墙结构的楼房一样，从一楼搭到十五楼，每层楼都是同构的，有同样一根柱子。把柱子的横断面切开，里面有同样数量和样式的钢筋棍支撑结构跟四周的混凝土牢牢地粘在一起，大逻辑套小逻辑，因此我形象地说，MOT很像我们常见的莲藕结构。

## 🌸 案例3：魅力引导 🌸

我的线下课"魅力引导"的结构也是一个不错的案例，这个课程后来被发展成训练营，进而写成了《魅力引导》一书，与本书成为姊妹篇。该课程的内容聚焦课堂上老师引导学生的几项基本功：听、说、问、答、评。三天的课程，第一个单元是学习在对话中进行，讲的是老师的意识与潜意识、学生的意识与潜意识需要在课堂上形成一种对话。接下来，每一个半天聚焦"听、说、问、答、评"五大基本功的一项。

我把大脑的基本机能隐喻为五个小孩：动感小孩、情绪小孩、思维小孩、想象小孩和觉察小孩。两个人的对话实际是彼此内在的五个小孩的对话。所以，每个单元内部的结构和命题都是一样的，即老师如何用语言驱动学生内在的五个小孩对话。

听，双方要深度聆听，听对方五个小孩的状态，感受对方是哪个内在小孩在表达；说，双方要驱动自己的五个小孩像交响乐合奏一样立体表达，老师需要用语言激活学生内在的五个小孩的工作，形成共鸣效应；问，老师要驱动学生富有成效地思考，即用语言让学生内在的五个小孩相互传球，换不同脑区思考；答，双方要反过来激活自己的五个小孩，任何一个问题都至少有五种回答方式；评，老师要用语言给学生内在的五个小孩精准赋能。

综上，这其实是典型的莲藕结构：每一个半天用不同的主题和方式强化同一套模型，而这个模型恰是以大脑的生理结构为基础构造出来的。

## 案例4：内训师教学能力提升项目

再分享一个某机构内训师教学能力提升项目的设计思路。该课程清晰地讲述了新手老师到高手老师的四个阶梯：敢上讲台、能讲好课、能与学生互动、能灵活应变。每个阶梯都要具备一些成分技能，克服一些障碍。

比如，刚开始要克服怯场的问题，怯场问题解决了就敢上讲台了，这是第一阶梯要解决的问题。敢讲和讲好有很大距离，如何有条理地讲，声情并茂、有血有肉地讲又是新的挑战，这是第二阶梯要解决的问

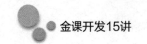

题。练就了讲好的功夫，接下来要能够和学生形成有效互动，那么老师的引导能力又成为新的障碍，所以要学引导技巧，这是第三阶梯要解决的问题。引导技巧过关了，还有灵活驾驭课堂的挑战，如应对突发状况，根据学生的问题灵活安排课程进度等，灵活应变能力的提升又需要几个成分技能，这是第四阶梯要解决的问题。

就这样，每上一个阶梯就要解决新的问题，增加新的成分技能。内训师又把每个阶梯跃迁的问题解决当成一个病构问题的解决，也就是用固定的病构问题解决流程来解决，即每个阶梯的跃迁都是五步：制定目标、分析障碍、制定策略、刻意练习、复盘改进。每门课程解决一个上阶梯的问题而每个问题的解决都是五个步骤。

## 案例5：小说《平凡的世界》

路遥的传世名著《平凡的世界》背后的结构也很经典。作者选择以中国农村改革开放最初的十年的社会变迁为题材，讲述了以孙少安、孙少平两兄弟为代表的一系列人在社会变迁中的遭遇、状态和奋斗历程。

书中的结构像织物一样有经线、有纬线，经线有年轻人的成长线和爱情线，有陕北农村农民的生活线，还有当时官场的政治线。纬线是时间线，行文中主要以农村人习惯的二十四节气为线贯穿，尤显接地气。

据说，路遥为了写《平凡的世界》读了上千本小说，阅读那个时代前后十年间的人民日报、陕西日报和延安日报，翻书翻报纸把手指头都磨破了，最终把大量的信息编织到他架构的经纬线里。大作家不仅需要有用语言给读者感受和体验的能力，更需要有极强的架构能力。

曹雪芹在《红楼梦》中也展示了他极强的架构能力，大家都知道作者以贾宝玉和林黛玉的爱情悲剧为主线，以封建社会四大家族的兴盛衰亡为暗线，几乎把那个时代的方方面面都编织进书中，堪称百科全书。

好的结构一定是花了很多心思和很长时间打磨出来的。俗话说："熟读唐诗三百首，不会作诗也会吟。"如果你真能熟读唐诗三百首，就会对唐诗里面各种音韵有感觉，尽管未必了解合辙押韵的规律，却会凭着感觉做出不错的诗来。

能够用语言表述的知识是显性知识，有很多知识不能用语言表达却也明显在起作用。换句话说，我们的潜意识一直在后天自动建模，即有感觉、能干活儿却说不出所以然来。这一点在前面讲技能教学的时候提到过，所有的技能教学都包括有意识的框架和无意识的框架，技能学习是有意识学习和无意识学习精诚合作的结果。

像训练韵律感和语言语感一样，精美的结构案例见多了，也会熏陶出结构感。我在课堂上鼓励学生多琢磨一些结构优美的事物，包括艺术作品、文学作品、建筑物、电影等，透过表面感受其背后的结构之美，培养自己结构方面的审美能力。

# 五大结构基模

收集了一些结构优美的案例之后，我们可以用交叉类比的方式探索优美结构背后的特征。你会发现，尽管组织精妙的作品琳琅满目，其背后的结构范式却无外乎几种基本模型，复杂结构只不过是简单结构的组合或者叠加。我们生活的三维世界，最基本的结构就是两大维度：时间维度和空间维度。这两大维度又演变出五种基模。

### ■ 组成基模

空间维度最常见的是实体的物理组成结构，比如，一套房子就是

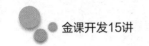

由实实在在的三室两厅一厨一卫组成，每个组成部分都是实实在在的存在，按方位组织起来。再比如，游览故宫可以从午门开始，遍历所有建筑，最后到神武门结束。产品应用类的课程可以按照组成产品的若干部分或者产品具有的若干功能一个一个介绍。以手机为例，先介绍它的若干组成部分：外壳、屏幕、主板、电池、内存等，再介绍每个部分的功能，最后将这些内容整合在一起就是一个整体。

认知心理学发现，人们是按图式存储信息的。比如，一提到书房，人们就会自然联想到书柜、书桌、椅子、台灯、本子和笔等元素。组成结构也可以理解为按事物的图式组织内容，这种方法简单直接，容易被学生理解和接受，这个基模显然属于物相空间。

## ■ 分类基模

与物相空间相对应的是人的思维空间，思维空间里充斥的是各种概念，概念是思维加工的结果。在概念空间里事物总会被分类，比如，生物学对物种的分类：门、纲、目、科、属、种，任何一种植物或者动物都能被分到这个分类体系下；再比如，人按年龄分可以分为幼年、少年、青年、中年、老年。不管怎么分，它都是一种概念的分类，是与实体相对的。实体是实实在在的组织，概念是对于事件在某个维度上的分类，比如时间维度、空间维度等。

其实，人的大脑对知识的存储方式是树状的，任何一个信息进入大脑，都要将其重要特征各从其类地划归到大脑既有的分类树下。分类结构有一个原则就是相互独立，完全穷尽（Mutually Exclusive, Collectively Exhaustive，MECE）。比如，人可以分为男人和女人，就是MECE的原则，如果人被分成女人和老年人，那就说明有遗漏，也有交叉重复。

"魅力引导"课程的结构是两种分类基模的嵌套，大的分类是老师在课堂引导中的五项基本功：听、说、问、答、评，每一个动作都是老师的全脑和学生的全脑的对话。小的分类是全脑又分为大脑的五项基本机能，隐喻为五个小孩。其实，五个小孩各自都有对应的脑区，从这个意义上讲，五个小孩可以理解为组成基模。

如果开发一门介绍人体构造的课程，人体的物理构成肯定是最佳组成方式，同时也可以分为若干个子系统：消化系统、呼吸系统、骨骼系统、肌肉系统、呼吸系统、神经系统等。每个人的子系统又都由不同部件组成，可见，人体构造是典型的组成基模和分类基模的复合。复杂是简单的组合或者叠加，稍微复杂点的课程则需要多种基模的组合运用。

## ■ 层级基模

什么叫层级基模？就像上学有一年级、二年级、三年级，打游戏有第一关、第二关、第三关一样，这就组成了层级。层级既有类别的意思，也有时序的成分，既可以完全是实体空间的实际分层，也可以是思维空间的概念分层。

层级基模可以和其他基模组合使用，每个层级里还可以有不同的组成或者分类。比如，一年级有语文、数学、英语、品德等，那么语文、数学、英语、品德就是一年级层级下面的分类。再比如，游戏会分为很多关卡，游戏的闯关是需要条件的，这就构成了因果关系，而这些条件常常又是分类的，便嵌入了分类关系，甚至每个分类要达到过关的要求中也可以设置一些条件。

层级基模常常可以轻松整合其余几种结构基模，在《高效能人士的七个习惯》中，大的结构是层级基模，把人的成长分为依赖、独立、互

赖三个层级，层级之间跃迁又各有不同的元素分类这种小的结构。

## ■ 时序基模

时序基模的组织结构非常容易理解，做事情的先后顺序，组织管理中的流程、程序等都是按时间组织起来的，从结尾往前追溯的倒叙模式也算时序基模。在认知心理学中，人们对某种事件典型的流程形成的印象叫作脚本。同时，技能称为程序性知识，凡是技能背后都暗含了一个顺序步骤，所以，技能类课程多采用时序基模。

比如，销售课程通常就按照脚本进行，从建立联系，到了解需求，再到探讨方案，最后促进成交是一个典型的销售过程脚本，这个过程应用的就是时序基模。实际上，很多技能教学天然兼顾层级和时序。比如，跆拳道从白带到黑带的教学过程应用的就是典型的层级基模，同时学生必须按跆拳道的教学顺序学习。

《平凡的世界》总体结构采用的是时序基模，却又分成长线、爱情线、生活线、政治线等，是时序基模与分类基模的组合运用。前文所述的内训师教学能力提升案例是典型的莲藕结构，外层结构可以理解为层级基模，同时兼顾了时序基模，因为莲藕结构的每一个阶段都不可以越级。

## ■ 因果基模

因果基模指的是状态因条件转移。比如，水有冰、水、水蒸气三种状态，那么冰、水、水蒸气的状态转换是有因果条件的，符合在什么条件下它会发生什么状态的变化。

严格意义上讲，因果关系属于加强版的时序关系。有因才有果，有果必有因，因一般在前，果一般在后。种瓜得瓜，种豆得豆，首先，时间上必须先种后收，其次，才是种什么种子接什么果子。我们的大脑天生对因果关系比较敏感，看到一个奇怪的现象禁不住要探究造成这个结果的原因，因此，用因果关系连接起来的课程就像悬疑片一样很容易抓住学生的注意力。

因果关系中最常见的是一因多果或者一果多因式的复杂对应，常常会发展出多条线索，造成多种基模叠加的复杂结构。MOT是因果基模与时序基模的组合运用，总体结构是破解四千五百万美金订单的丢失之谜，回溯了近期不同人员与客户打交道的五个典型场景。但在每个场景中老师都向学生展示了凭感觉对话和用关键时刻行为模式四个要点对话的效果差异，从而强化了关键时刻的行为模式。

内训师教学能力提升案例中的每一个阶梯的结构是一个病构问题解决流程，其中既有时序基模，也有因果基模。树立目标后自然就有障碍，有障碍就得有策略，有策略就要有行动，有行动则必有结果，根据结果再制定改进计划，本质上是PDCA的变种。

以上就是我总结的五大结构基模。如果把这五大基模假设成五大收纳筐，你可以在每一个基模下收集很多结构案例，就像查理·芒格说的"积累几百个思维模型"一样，再把这些案例有序地放到每一个基模中，这不就是"熟读唐诗三百首"了吗。

用有序整合无序
的结构化策略

第14讲

结构化是大脑思维加工的需要。知识是对经验的结构化抽象表达。抽象的目的是便于大脑的加工。课程开发包含了大量的把各种素材结构化加工的工作，这就需要老师具备很强的结构化能力。为了从根本上提升结构化能力，需要先深刻理解从信息到知识的过程。

## 从信息到知识的过程

知识管理中有一个著名的DIKW模型，DIKW由数据（Data）、信息（Information）、知识（Knowledge）和智慧（Wisdom）四个词语的英文单词首字母组成。数据是描述事物的原始材料，比如，超市买东西的小票上面如实反映了客户购物的数据。信息是对数据的解读，人们通过思维解读、发掘数据背后的某种联系，比如，某款产品在某个地区畅销的原因。

知识更进一步揭示了信息背后的规律，人们可以主动运用这些规律做出决策或者指导行为。智慧则是对知识的灵活调用，根据情境需要灵活调用甚至组合调用知识解决问题。大数据挖掘领域有一个非常著名的案例：啤酒与纸尿裤的联系。

美国沃尔玛超市的数据分析人员对他们大量销售数据分析后发现：啤酒和纸尿裤出现在同一订单上的概率很高，且每逢周末更高。很显然这是一则发现数据背后联系的信息。这一信息让人费解，啤酒和纸尿裤是两个完全不相关的商品，怎么会经常成对出现？数据分析人员进一步溯源，进一步挖掘并且走访了很多同时购买这两样商品的顾客。他们发现了这些订单背后的客户的共同特征：购买者以已婚男士为主，家里有两岁以下需要纸尿裤的小孩。原来，那些初为人父的年轻爸爸经常要给孩子买纸尿裤，为补偿自己带孩子的辛苦顺便买点啤酒犒劳自己。

信息背后的内在规律和底层结构，就是知识，对知识的灵活运用就是智慧。超市大多是以物品的属性摆放的，如蔬菜、水果、粮油、日化、工具等，受此启发，倘若能够在摆放物品时兼顾角色的需要或者典型场景的需要做一些灵活调配，就是对此知识的应用，即为智慧。托马斯·斯特尔那斯·艾略特在他的《岩石》一诗中写道："哪里寻找丢失在知识中的智慧？哪里寻找迷失在资讯中的知识？"知识隐藏在信息背后，智慧隐藏在知识背后。

DIKW中的数据其实就是没有经过加工的各种素材，无论是人们主题阅读积累的知识碎片还是最佳实践得来的经验碎片，我们都可以将其理解为数据。探索数据背后的某种联系，就形成了信息。找到一个能够把各种信息整合在一起的模型，就是知识。我们把DIKW的思想稍微变通一下，就可以成为一套可操作的梳理课程结构的方法论。

元素周期律的发现过程就是一个DIKW模型的最佳例证。

早在18世纪初人们就发现了组成物质的各种性质不同的元素，但并没有找出其中的联系和规律。1829年，德国化学家德贝莱纳首先对元素原子量和化学性质之间的关系进行研究，他从当时已知的54种元素中找出了性质相似的元素组，如"锂、钠、钾""钙、钡、锶"等。1865年，英国化学家纽兰兹把当时已知的61种元素按原子量的递增顺序排列，发现每隔7种元素就会出现性质相似的元素，如同音乐中的音阶一样，因此，他将其称为元素八音律，并据此画出了表示元素关系的"八音律"表。

现在回头看，纽兰兹显然已经向真理迈进了一大步，只可惜当时测定原子量的方法不够先进，发现的元素数量不够多，所以没有条件开展更深层次的探索。直到1869年，俄国科学家门捷列夫将当时已知的所有元素的主要性质和原子量写在一张张小卡片上，进行反复排列比较，才最后发现了元素周期的规律，并依此制定了元素周期表。门捷列夫的元素周期律认为，把元素按原子量的大小排列起来，在物质上会出现明显的周期性；原子量的大小决定元素的性质；可根据元素周期律修正已知元素的原子量。

门捷列夫的元素周期表实际是一个元素排列的框架，这个框架是通过努力发现碎片之间的关联，并试图整合所有已知的碎片规律归纳、设想而成的。这个框架一旦形成，就可以有意识地运用该框架去探求那些未知的元素，门捷列夫当时就成功地预测了"金、镓"元素的存在和位置等。

从元素周期律的探索过程中可以总结出深层结构的普遍规律。第一，无规律的碎片化的数据积累，即数据。第二，寻找这些数据的内在联系，也就是数据信息化，即信息。第三，当足够多的碎片和内在联系被找到后，试图架构一个能够整合所有已知信息的框架，毫无疑问，这个框架才是揭示事物本质规律的深层结构，即知识。第四，依据框架按图索骥，框架能够指导人们去发现那些没有被发现的元素，解决新的问题，即智慧。

著名物理学家杨振宁说："一刻不停地搜寻事物之间的关联，才是科学研究的关键，无论有意识还是无意识。不能只局限于某一个问题。如果已经积累了大量的微小联系，就想方设法对它们进行重组，一旦找到那个至关重要的碎片，就可以把与其相关的多个碎片组合在一起了。这种填补空白的乐趣妙不可言。"我们的大脑会因为从碎片中发现关联而快乐；会因为从诸多关联中重组模式而快乐；会因为发现不同表象背后相同的模式而快乐；更会因为同一模式解决不同问题而快乐！

# 把素材结构化的基本过程

在课堂上，我经常会问学生一个问题："你觉得开发一门课程需要读多少本书？"多数人的回答是怎么也得30—40本。假如，开发一门关于创新的课程，开发者要先做主题阅读，如果你读了40本与创新相关的书，每本书中至少有5点跟创新相关的重要启发，算下来就有200多个素材。除了书本上的知识，你还要搜集和萃取一些内部的最佳实践和创新经验，假设又有100个素材，加起来就有300多个关于创新的素材。

根据DIKW模型，这些素材都可以看作数据。这些复杂的素材，一旦超过大脑内存的处理能力，我们就特别希望让它有秩序、有结构地成为一种便于理解的东西，所以，结构化是我们大脑加工和理解信息的最基本诉求。如何把这些复杂素材整合梳理成一门结构严谨、逻辑自洽的好课程呢？

接下来的工作是发掘数据背后的信息，即寻找这些素材的内在联系。分类是探索联系的第一步，像行动学习中的团队列名一样把相似或者相近的素材进行分类。很多时候素材可能会有两个层级。当然，可能有些素材放到哪里都不合适，不妨先放在一边，不要奢望一门课程把所有的知识、观点都整合进去。

一般而言，每个层级不要超过7类，且最好满足不重复、不遗漏的MECE原则。在尝试分类的过程中你会有很多的发现和创造，尝试分类本身就是对素材的再消化和再发展，在此过程中还会激活很多你的旧知和经验，当然你要不可避免地淘汰一些整合不了的素材。分类不是机械的加工，而是伴随着深度理解和发展创造的建构过程。

当分出若干类的时候，就可以尝试把这些分类当成元素装到各种结构基模中。就像查理·芒格说的那样，把知识和经验都悬挂在思维框架里拷问。建模过程是尝试用不同基模整合素材的过程，一个人脑海里的思维模型越多，架构能力越强。

我特别喜欢尝试用多个思维模型加工同一组素材。因为这样做常有意外惊喜，带给我很大的学习乐趣，我戏称为"双框架制造绝杀"。这也像我们出差收拾行李一样，要把很多东西装到行李箱，可以试着横着装一下，也可以试着竖着装一下，搬来弄去就是为了让箱子装得更多。行李箱里要装的东西其实都是素材，搬来弄去的就是尝试用各种各样的基模来整理。

这个过程逼着我们从不同角度，运用不同框架审视这些素材。我的学生上了多门我的课之后发现，我不过是用不同的素材、不同的架构传授同样的底层知识。我在讲同样的课程时，因为不愿意低水平地重复，所以经常琢磨还可以从哪个角度切入，带领学生换一个角度探索。恰是这样的安排，让学生有机会以不同角度、用不同方式理解某个道理。有方法通道的感觉是学生达到融会贯通的重要标志。从多个角度阐释、用多个框架表现同一个知识，也是老师对知识融会贯通的手段。

## 最常用三大建模策略

建模是一项既需要抽象思维又需要丰富经验的艰巨工作，同时也是老师最重要的学习手段，是把外来理论、直接经验和间接经验整合成自己独特结构的过程。这个过程本身就是学习和建构。知识掌握的标志是学生形成个人版本的建构，书面一点的描述是学生能用自己独特的方式对知识进行理解。而建模正是老师形成自己独特结构的过程。下面再介绍几种常用的建模策略。

## ■ 用有序整合无序，用已知整合未知

我们身边的事物都是有结构的，无论是产品、建筑、艺术品等实体展现，还是书籍、影视剧、故事等叙事表达，凡是能理解的，背后都有其结构。那么，我们就可以借用已知事物的结构以类比的方法梳理那些无序堆砌的素材，使这些素材变得结构化。这就像做月饼的模子一样，模子可以把零散的食品原料压制成有形的食品。

举个例子，因为手机的结构是已知的，我们可以用手机的结构类比某门课程。你可以用类比的思维问自己：课程的界面是什么？课程的CPU是什么？内存是什么？续航的电池是什么……同样，我们也可以用手机的结构类比一家门店：该门店的用户界面是什么？CPU运行的核心程序是什么？仓储内存是什么？续航的电池是什么？

另外，我们可以用春夏秋冬类比以时间为序的课程，用根茎叶花等类比有生命的事物。也就是说，我们可以用很多已知的有序结构以类比的方式把零散的素材结构化。我称为"用有序整合无序，用已知类比未知"。类比是非常重要的思维工具。我们的祖先很早就能够娴熟地运用类比解决各种复杂问题。比如，中医就有"取象比类"的说法。鹿茸有活血的功效是因为鹿本身就善于奔跑，阳气十足，而鹿茸恰恰是雄鹿身上最顶端、阳气聚集最多的地方；菊花有润肺的功效是因为菊花开在秋天，秉秋冬二气，所以性寒凉，有滋阴润肺功效。古人效法天地，因天之序，因地制宜，用取象比类的方式推测各种材料的功能，再在实践中验证，中医就是这样发展起来的。

## ■ 多框架交叉整合

我有一个金句叫"双框架制造绝杀"。意思是，用一个结构整理现有素材，用另外一个结构验证新的素材，两个结构一交叉，会发现空白点和冗余点。空白点会激励你持续探索新的素材，冗余点会引导你重新评估现有素材的价值。持续地尝试用双框架装整理素材，还有助于把别人的理论、经验快速地整合成属于自己的素材。双框架审视的本质是尝试用不同的结构表现一组素材。

卡尼曼在他的著作《思考，快与慢》中提到"框架效应"，他认为，当外界一个刺激来临时，我们的大脑会根据线索率先激活一个框架来解释，当某个框架被激活了，大脑自然而然就会屏蔽其他框架。框架是把双刃剑，帮助我们快速理解现状的同时，限制了我们换一个角度理解的可能。正所谓当你手里拿着一把榔头时，你看到的全世界都是钉子。

为了避免思维被框架僵化，开发课程的过程要敢于放弃已有框架，勇于尝试用其他不同框架审视同一组素材。一个人换框的意识越强，思维越有弹性，做事越有创造力。被一个框架固死的现象在心理学上称为锚定效应，思维一旦被锚定，就缺少弹性空间。所以我说："穷途末路的时候，就是重新定义的时候；春风得意的时候，也是重新定义的时候。重新定义的本质是换框，走出固定的脚本。"

重新定义是一种勇气，更是一种能力。换框还可以帮你筛选出那些真正重要的素材，你会发现，无论用哪个框架，有些素材是必须用的，那么这些素材就是核心的、重要的。当你发现更换一个框架后，有些素材的重要性下降了，则说明这些素材本来就不那么重要。因此，要敢于割舍哪怕是你感觉很好的素材，教学要充分考虑学生的消化吸收能力，结构尽可能清晰，内容尽可能精炼才有利于学生的消化吸收。

### ■ 自上而下的微结构叠加

自然界有很多结构看上去特别复杂的东西，实际上，复杂模式是简

单元素叠加出来的，比如树叶、贝壳等，局部的微结构和整体结构一模一样，这就是所谓的分形理论。

日本科学家山中伸弥研究人类的诱导性多能干细胞（Induced pluripotent stem cells, iPSCs）时发现，每个人都是由最初的一个细胞——受精卵，不断分裂发育而成的。细胞的每次分裂看似都是无意识进行，最终却能精确地发育出一个人，秘诀在哪里？山中伸弥发现，所有的细胞都带有人体整套的设计图。为什么有的细胞形成了皮肤？有的细胞形成了血液呢？实际上，每个细胞都有一种带有标签功能的蛋白质，当这种蛋白质先被生产出来时，这个标签会标示出自己属于这本三十亿字的厚书中的某一页，每个细胞只需要将带有标签的那一页打开读一下，按"指令"发育就好了。每个细胞都带有同样的设计图，但因为各自所读的部分根据标签标示的内容不同而不同，即标签的蛋白质标识不同，因此他们会最终发育成不同的细胞。

上述给课程开发的启示是，我们可以自下而上地先梳理微结构，再用同样的微结构叠加出整体结构。我称为莲藕结构的课程，其实都有一个贯穿始终的局部微结构。我们不妨先放下大的构想，从小处着手，先捋出一个小结构，再复制这个小结构，从而完成梳理的任务。

比如，MOT课程中的关键时刻行为模式四个要点就是一个沟通模式的小结构，大脑内在五个小孩的互动是贯穿我的"魅力引导"课程的小结构。小结构是可以贯通课程始终的具有普遍适应性的基础单元，所以通常也是最接近事物本质的"道"。所谓道隐无名，道是百姓日用而不知的，只有在某个领域摸爬滚打很多年的资深人士才能够透过诸多现象看到本质，穿透性地总结出不变的底层原则。

# 建模五字诀：维、度、程、序、化

孙子说："声不过五，五声之变，不可胜听也；色不过五，五色之变，不可胜观也；味不过五，五味之变，不可胜尝也。"声、色、味都有五个基本元素，那么从无序到有序也有基本元素，我将其总结为维、度、程、序、化。

万事万物，从空间角度审视，无非维度。维是事物可以分的部分或者方面，既包含实物组成，也包括概念分类。度则是衡量某个具体的维所达到的程度。比如，高考科目包括语文、数学、英语，这就是考试的维，而每一门考多少分，这就是考试的度。维是质的分类，度是量的积累。

人类眼里的世界是三维的，而蚂蚁眼里的世界是二维的，所以蚂蚁理解不了人类的世界。同样，爱因斯坦发现时间是第四个维度，他指出时空是弯曲的，提出了相对论。就像蚂蚁理解不了三维世界一样，我们常人也理解不了爱因斯坦的相对论。当然，思想也是有维度的。专家能够在复杂的线索中迅速理出头绪，洞穿事物的本质，是因为他们与常人思考问题的维度不一样。我很喜欢一句话："你只能控制自己意识到的事情，你意识不到的事情反过来控制着你。"所以，思想升维很重要，一旦意识到被忽视的、决定事物成败的、更重要的维，你就会迎来跨越式的发展。

在每个维上，又可以划分很多刻度来表示进阶的程度，就像实现目标的进度条和里程碑一样。德鲁克说："管理就是两件事，做对的事情和把事情做对。"人们在做决策时，要尽可能考虑全面，把所有的维都考虑到才能保证自己"做对的事情"，在执行时，在每个维上做到理想

的程度才能保证"把事情做对"。在某个维上，如何把事情从六十分水平做到八十分水平是一个度的问题，为了解决这个度的问题，又要探索决定分数的维，即从哪些方面努力才能达成从六十分到八十分的目标，这又是一个维的问题。

因此，维和度是你中有我、我中有你的微妙关系。"怎么办"是典型的度的问题，而"要什么"是典型的维的问题。我经常说："知道'要什么'的人一定能解决'怎么办'的问题。"有时候遇到了不知道"怎么办"的问题，实际上是对"要什么"的问题模糊不清。

从时间角度审视，无非程序。程是事件的总体历程，序是事件的先后顺序。程是实现目标的路径，序是路径上各个环节的先后。比如，从上海到北京，中途经历多个中间站，这是程。经历的先后顺序，这是序。程是路径设计，是编剧；序是具体实现，是演出。

程也有高下之分，鸡兔同笼的问题用算术的方法需要不断试验，如果列一个二元一次方程，瞬间开解。程是解决问题的策略，是章法套路。行动学习工具其实就是典型的程，如世界咖啡、开放空间、团队共创、六顶思考帽等都是为了激发群体智慧而设计出的研讨流程。五星教学和三浪教学也是典型的程。而序是做事的先后顺序。同样，"程"和"序"也是你中有我、我中有你的微妙关系。路径不同，行走过程的先后顺序也会不同。当然，路径也受目标的影响，走什么路径首先要看目标。

维、度、程、序四大元素彼此都有纠缠。《大学》中说："物有本末，事有终始。知所先后，则近道矣。"本末是维度，终始是程序。维、度、程、序理顺了，就接近道了。最神奇的是第五个元素：化。化实际上是维、度、程、序间相互转化的过程。跟"化"相关的词有很多，如转化、内化、显化、深化、运化等，透过这些字眼就能品出"化"这个元素包含了维、度、程、序四大要素间的各种跃迁。所以记住这五个元素，结构化的问题就不是事儿。

当然，最后还要强调的是，结构本身是与时俱进、持续迭代的。每过一段时间，我会重新架构我的课程。**任何事物都是不断发展变化的，课程也是有生命的，僵化就意味着生命周期的结束。**

课程的敏捷开发
与持续迭代

第15讲

行文至此，我已经把课程开发五大要素都做了详细阐述。第一是目标，目标一定要以终为始，一页表现性目标的PPT价值等于其他所有页PPT价值的总和。表现性目标决定了内容的甄选、过程的推进、组织的结构及表现的形式。第二是内容，大脑的结构决定了教学分类的必要性，不同的内容要有不同的教学策略。第三是过程，如何把不同内容的教学策略装到过程框架中使其变得具有可操作性。第四是形式，内容走脑、形式走心，内容走的是信息流、形式走的是能量流，如何让信息流和能量流在课堂上形成共振，让学生在概念中获得生动的体验是教学创新的总指导原则。第五是结构，结构的关键是组合运用结构基模，持续培养自己的结构感，在实践中反复优化迭代。课程开发不可能一蹴而就，更不能闭门造车，一定要在实践中持续打磨。

## 从生物进化角度看课程开发

课程开发的五大要素本身是一个什么结构呢？应该是组成结构，也就是任何课程开发都离不开这五个要素。下面，我把课程当成一个生命体，从生物进化的角度重新审视课程开发。

就像鲁迅先生所说："世界上本没有路，走的人多了也就成了路。"我们可以套用这句话说："**世界上本没有课，讲的次数多了就成了课。**"虽然我在写《精品课程是怎样炼成的》以及我的成名作《上接战略，下接绩效：培训就该这样搞》中都大篇幅地写我花重金、下大力气打造精品课程的经验和体会，但后来我发现，用系统工程的思想指导课程开发是有局限性的。

为什么呢？因为在当下的互联网时代，面对快速多变的商业环境，你费了很大力气、花了很大成本、耗了很多时间打造的精品课程很容易

过时。课程好不容易打造出来了，业务却转型了。所以，费大力气打造精品课程有一个假设，就是业务要稳定、内容要稳定，但这个假设在互联网时代是不合时宜的。

所以，课程开发必须敏捷，要跟战略同频，与业务共舞，同样做到快速迭代。战略是动态改变的，业务是动态改变的，老师和学生都是动态改变的，我们没有理由用昨天的课程体系培养未来的人。早在十多年前我就指出："版权课程是臭鱼烂虾，只有用生物进化的思想指导和开发课程，才能做到与战略同频，与业务共舞。"

在建构主义基本信仰的基础之上，对有问题没答案的病构问题，采用行动学习的方式找答案、达共识；对有问题有答案的良构问题，采用精品课程和五星教学结合的方式培训。所以我说："建构主义+精品课程开发+五星教学+行动学习=所向披靡。"而行动学习和精品课程开发是一阴一阳的两条基本的线，阴阳交泰而万物化生，行动学习可以当作课程开发的手段，课程开发可以当作行动学习的成果，在这个方面我们已经做了大胆的尝试。

### ■ 有方向即可组织研讨

组织实际的运行情况往往是这样的：顶层领导大手一挥，整个组织要往某个方向转型，而从经营班子开始，大家对领导战略意图的理解就不一致，甚至各人还有各人的小算盘，所以领导只能确立方向，却没有精力也没有能力做具体的执行细则设计。执行层当然就不知道该怎么办，工作人员只能根据自己心目中理解的领导意图去摸索，好在实践出真知，摸索久了就会逐渐形成一套自己的经验。这样就有了同一战略意图下的不同流派，每个流派都有最佳实践。领导的意图是天，工作人员的最佳实践是地，领导的意图也经常是考察了各地的实践而来，这就接上了地气，而最佳实践经常被全面推广，这就接上了天气。

组织的变革永远是顶层设计和底层创新实践的两头凑，我一向认为底层实践的作用更大一些，因为底层更接近客户、更务实、更符合大多数人的利益需要，我们国家的农村包产到户、新农村建设等政策都是先有了基层的最佳实践，然后进行全国推广的，可称为农村包围城市，这种模式符合最广大人民群众的利益，所以更有生命力。实践证明，农村包围城市，最后得到政府的认可和推广是有生命力的模式。

智慧在民间。所以，当最高管理层提出一个方向性的改变策略，或者业务开展过程中遇到意外的挑战和问题时，一个较好的选择就是把一线骨干召集起来，就新的战略意图的落地或者意外挑战的应对进行行动学习。即使一开始没有问题，也可以应用行动学习的知识先找到问题，搜集一线骨干在业务开展过程中遇到的真实问题。找对问题很关键，管理咨询界有一句话：只要找对问题，问题就解决了一半。

GE克劳顿管理学院的领导力开发项目经常开展脱产两三周的培训，他们采用的方式是把学生分成若干个小组，每个小组解决一个企业遇到的实际问题，过程中学生们可以自发组织调研、研讨和行动学习，最后形成的报告要通过相关评委的答辩，而且很多报告中的成果会被正式采纳并执行。我认为，这些小组的成果也应该成为一门课程。如果行动学习项目小组的学习成果能够课程化，那就非常有利于学习项目的后续执行和推广，一个组织如果能够把设计、执行和培训拧成一股绳，组织运行的效率和质量将会大大提高。

### ■ 有问题即可开研讨班

接下来又要颠覆一个常规，即在没有课程的情况下，也可以开展培

训，举办研讨班。查尔斯·汉迪说："只要对过去经历的事情进行深入地反思，学习就发生了。"学习是一件很自然的事情，不一定只发生在课堂，课程也绝对不是课堂不可或缺的东西。只要有了意图方向，罗列出实际的问题，就可以召集一线骨干开研讨班。

在研讨班上，只要抛出紧贴业务的针对性问题，就可以组织一线骨干进行深入的探讨，可以是经验分享，也可以是质疑批判，可以有正面案例，也可以有反面教材，可以彼此借鉴，也可以协商改进……总之，所谈话题只要是真实的，是来自业务实践的，都是很可贵的素材。

我相信多数人跟我一样喜欢听来自一线骨干的鲜活故事，在这样的研讨班上，课程开发小组就可以搜集很多鲜活的业务故事。故事在培训中的作用极大，可以作为抛出场景的素材，也可以作为回答问题的参考，好的故事本身也有其背后的线索，一堂课下来，人们可能忘了老师所讲的道理，却容易记住几个生动的故事，想起这几个故事，就能调出故事背后隐藏的道理。

在研讨班上，光引导一线骨干分享故事还不够，还可以进一步引导大家对所提出的问题找到一个相对优秀的答案，这个答案是诸多一线骨干的实践经验的择优和综合。因为来自业务实践，所以具有普遍的适用性；因为来自一线骨干，所以具有相对的优质性。这些答案也许不够系统和完善，但最大的好处是实用、有效。解决组织经营的实际问题，永远没有最好，只有更好。

### ■ 研讨成果加工成课程

研讨班结束后，课程开发小组会留下丰富的素材。接下来的任务就是把这些研讨的成果组织成课件，问题是现成的，答案也是集思广益的，至少搞个问答集总是可以的。十年前，我主持开发过一个"客户常见问题集锦"的销售工具，罗列了客户常问销售员的问题，每个问题都给出一个参考答案，这个参考答案是我组织当时一线骨干集思广益研讨出来的成果，虽然问题五花八门，看起来凌乱不成体系，但确实比较实用。实用的未必有体系，有体系的未必实用。

把研讨成果加工成课程，还需要读一些书，找到一些理论依据。理论指导加上最佳实践才相得益彰。我们都知道理论源自实践，又指导实践的道理，给最佳实践找到理论依据才更有说服力，才不会被人认为只是局部适用的土办法。反过来，我们也可以根据理论按图索骥地寻找最佳实践，甚至可以按照理论指导创新性地开展工作，发展最佳实践。孔子讲："质胜文则野，文胜质则史。文质彬彬，然后君子。"最佳实践好比是质，理论指导好比是文，实践没有理论指导，显得像野路子，理论没有实践支撑，也显得空洞教条。

尽可能理出好的逻辑，采取好的表达形式，兼顾行动学习和五星教学的方法技能。总之，课程开发小组如果根据自己的实际情况把课程做得精致一些最好，万一情势所迫，条件不允许，简单堆积成普通版本也未尝不可。既然是解决组织实际问题的敏捷课程开发，那一定是效率第一，兼顾质量；实用第一，兼顾系统。只要持续把先头部队的最佳实践用行动学习的方法开发成课程，再面向全员复制，整个组织能力就会显著提升。

### ■ 课堂上持续完善课程

接下来就可以开正式的培训班、上有课程的课了。敏捷开发的第一个版本一定要找课程开发小组中最有经验的老师来讲，因为他的能力足以应对各种突发的情况。

老师在上课过程中一定要用五星教学，充分组织学生研讨，听学生的反馈。我把五星教学称为培训领域的"吸星大法"，因为每堂课结束老师都能搜集到很多很好的案例和其他素材。本书列举的好多案例都是我在上课过程中听学生分享的。比如，改变态度的故事、让人难忘的课程形式等，甚至有些学生分享的案例比我准备在课堂上举的例子还要精彩，所以我就把最经典的案例记录了下来，以备后续上课使用。我发现，其实每堂课都有精彩的故事，只有在学生实在分享不出更好的故事时，我才会把以前课堂上收集的故事拿出来分享。用五星教学的方法授课，一堂课下来，老师往往是收获最大的。

在课堂上，只要采用了五星教学，老师就有机会发现学生真正关心的问题、真正的困惑和经常的误区，这就为进一步的课程优化提供了依据。课后，课程开发小组也可以根据老师与学生在课堂上交互的情况对课程进行进一步的优化。所以我反复说："老师在帮助学生建构知识的同时，学生也在帮助老师建构课程。"

# 多小组冗余开发策略

在实践中我还发展出一种特别有效的课程开发策略，受启发于德尔菲法的迭代思想，我将其称为"多小组冗余开发"。这个方法大大提高了课程开发的效率和质量，更符合互联网时代与业务共舞的要求。

## ■ 多小组冗余开发

假如开发一门课程，我会组织四个三人开发小组。首先，把这十二个人拉到一起，用行动学习的方式群策群力地定义课程的表现性目标。通过群策群力的方式定义表现性目标是非常关键的一步，只有团队全体成员对希望学生发生哪些改变达成共识，才可以分工协作。表现性目标就像招标书的需求规格一样，是下订单、签合约的依据。表现性目标确定之后，四个开发小组分头进行课程设计，每个小组可以根据自己的理解来设计其他要素，也可以有独特的内容选择、形式创新、过程编排和结构组织，这样就给开发小组极大的创新空间。

开发时间为一周，一周后每个小组要拿出课程设计的初稿。接着，我会把四个小组组织在一起召开研讨会，每个小组公开汇报本小组的课程开发成果，汇报完毕大家共同评议：该小组作品亮点是什么、不足是什么，能否有效实现表现性目标。四个小组全部汇报并通过共同评议之后，我便让每个小组继续迭代优化自己的课程，规则是其他小组的亮点可以无条件借鉴，其他小组的不足也要引以为戒，并在原来的基础上尽可能多地继续创新。一周后大家再来汇报升级版的课程。

四个小组带着任务回去迭代优化他们的课程。可以确定的是，研讨会上其他小组的亮点和不足大家还是有共识的。每个小组都会在第二次迭代中吸收和借鉴公认的好元素，同时也会受其他小组的启发做一些再次创新。一周后，再次召开研讨会，还是同样的流程：分小组汇报、共同评议。不难想象，每个小组的课程设计相似度会提升，因为好元素大家都会借鉴和采用。当然，新的创新也不少，因为每个小组都不希望他们的课程乏善可陈，不具备引用价值和借鉴意义。在第二次研讨会各组汇报和共同评议之后，依然允许每个小组无条件借鉴其他小组的亮点，再给大家一周实践迭代优化第三版。

就这样迭代三四次之后，每个小组的相似度会大幅度提升，当四个小组的相似度大于百分之七十的时候，最终的版本就在自然进化中呼之欲出了。这种方法恰是借鉴了生物进化的思想，一代一代地进化，迭代

次数越多，最后的效果越好。

其实，小组人数可以灵活安排，如果人多可以每小组五六个人，甚至可以分成四五个小组，迭代几次之后推出1.0版，这样就可以让最初参与课程开发的老师直接担任授课老师，也就是老师参与到课程开发中。参与了课程开发的老师在授课中因为知其然知其所以然，所以更能灵活应变；因为带着课程开发的目的上课，所以对学生提出的问题和分享的素材更敏感。当然，如果人少，也可以把个人当成小组，三个人各自开发，每周研讨互评，也能开发出不错的课程。

### ■ 边授课边升级迭代课程

最终，三四轮迭代后的版本就可以在课堂上使用了，但这并不意味着课程开发的完成。我更崇尚在课堂上开发课程，文章不厌百回改，课程何尝不是。现实中的课程开发遵循这样的流程：形成课件–上课–收集意见–更新课件–再上课……这样持续反复才能磨出精品课程。

我们在开发精品课程的过程中，每周都会拆课。我们把派出的讲授同一门课的所有老师集中起来，用行动学习的方式，让大家分享自己在授课中遇到的挑战、应对的方法、从学生中得到的启发和搜集到的好案例，把其中优秀的内容和值得借鉴的经验再吸纳到课程中，对课程进行一次升级，然后大家拿着升级的版本再去讲授，坚持几次，课程就会完善得非常好。

《礼记·学记》里讲："教学相长，学然后知不足，教然后知困。知不足，然后能自反也；知困，然后能自强也。"什么叫作"教然后知困"？我认为，所谓的知困有两重含义，一是老师知道学员之所困，即授课过程中的难点；二是老师知道自己之所困，包括课程设计的不足和知识储备的不足。

如果用五星教学授课，学生一定会对课堂有所贡献。假如，在应用新知时学生遇到的问题在课程里没有涉及，那么课程就要打补丁；学生汇报发言的素材比课程原有的案例更新鲜、更生动，那么课程的案例就值得更新；师生互动的方式有创新，那么课程的表现形式就值得创新。因此，永远可以用更有效率、更有利于学生吸收转化的方式替代原有的方式。

作为老师，永远不要满足现状，觉得课程已经足够好了，老师要把学生吸收转化率作为始终追求的目标，持续用更好的素材、更好的形式、更好的结构、更好的内容来升级原有的课程。学生、老师、课程都是不断成长的有机体，而课堂正是这三者之间互动的场域。

一个良性的互动，三者都有成长，学生收获了知识和技能，老师提高了授课技能并不断把传授内容和学生现状进行匹配，课程在每次授课的过程中持续汲取新的素材，演化新的版本。这三者的良性互动才是学生吸收转化率更高的必然途径，老师成为大师的打磨工坊，课程进化为金课的必要工序。很多老师把课程讲一两遍就厌倦了，再讲下去就产生了应付的心理，这样的精神和态度是很难开发出精品课程的，借古人的话就是"用心躁焉"。

## 课程是老师社交货币

好课程是长时间打磨出来的，需要多次边讲边改，边改边讲的迭代。课程开发是科学，授课是艺术，好的课程一定是科学和艺术的完美组合。我甚至认为课程不足以称为产品，课程与授课的组合才勉强称为

产品。老师和医生都是相互成就的职业。医生治好患者的病，患者成就医生的技术、自信和名声；老师教会学生知识，学生帮助老师优化课程、提升教学能力。

就像80岁的老医生也要坚持临床，不临床他就容易找不到感觉一样，老师也是一个实践性极强的职业，再多的理论、再好的课程开发理念，不去上课是找不到感觉的。我现在完全可以不再讲课，但不讲课就没有课堂的感觉，没有课堂的感觉心里就不踏实。事实上，我把课程当成与不同系统交流的社交货币，课程只是交流的话题，给不同群体上课，由于交流的心得不同，课程才会因此持续丰富。

好课程是打磨出来的，而且老师要非常用心地上每一堂课，应付式上课是发现不了课程的改进之处的，老师也不可能在上课中提升自己。所以我说，**应付谁本质上都是应付自己，认真走过，必有收获。**

所以，对课程调整、升级的最佳时机就是每次课程结束之后，根据在上课过程中学生对内容的掌握情况、学生参与情况、教学过程是否科学合理等进行修改。

### ■ 刻意运用与课后复盘

首先，我不允许自己简单机械地重复讲课，同样的课每次讲都会不同。这并不是学生的要求，而是我对自己的要求。每一堂课面对的学生是不同的，用同样的方式讲同样的内容学生们并不会觉察，但我不允许自己这样做。课堂是学习的场所，在每一堂课中，老师都要有学习，甚至老师的收获要比学生大。为了自己的学习，我每一堂课都会恰到好处地植入一些新的元素，我称为三刻意：刻意引用最近看书得到的新的观点、刻意练习新的模式或者方法、刻意让某些讲述更具感染力，更能触动学生心灵。每一堂课我都要求自己恰到好处地走出舒适区，既不简单机械地重复，也不颠覆性地发挥。

其次，课后我会花大量的时间复盘。每一堂课结束我都会对自己的三刻意的效果进行评估和复盘，也会对课堂呈现的新鲜元素认真回顾。针对整个课程的过程，我会问自己：哪些环节行云流水般非常顺畅值得复制？哪些环节过度不自然需要改进？针对每一单元的目标和内容，我会问自己：表现型目标是否实现？学生的提问我是否进行有效回答，是否有更好的回答？学生的讨论是否有效，是否有更好的组织方式？学生有哪些精彩的案例分享和有价值的提问？针对课程形式，我会问自己：形式与内容是否完美匹配？形式是否给学生难以忘怀的心灵触动？所有这些问题的深入思考，一定能帮助我把课程迭代得越来越好，也能帮助我自己成长。

最后，有一点非常值得一提，那就是课堂上的感受复盘。如果老师真的用心地上了一堂课，一定会在课堂上有深刻的情感体验。那些让师生都感觉很爽的互动、那些有点尴尬却最终化险为夷的过程、甚至那些让人不愉快的事件，只要当初激起浓烈的情感，课后都值得深刻复盘。经历时投入了真情，复盘时再挖掘其背后的道理，就很容易促进行为、情感和认知的融合，形成改变的闭环。

感受复盘实际是从自身行动开始，回味当初直接的情感体验，总结规律，再升华为方法论。如果老师能够对教学事件和挑战进行深入复盘，老师将会学到更多，老子说："慎终如始，则无败事。"对一个注重成长的人来讲，世界上不存在彻底的完败。即使表面上失败了，如果这个人能从中"吃一堑，长一智"，收获内在的经验教训，内在成长了，也是收获。从这个意义上讲，无论事情成败，只要我们认真复盘，都会从中学到知识、增添智慧。有这份领悟后，每每在我的课堂上遇到

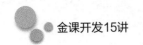

教学事件或者挑战，我的第一反应不是紧张，而是莫名的兴奋，暗忖：今天晚上又有得复盘了。

### ■ 课程重构和自洽性检查

每次课后的复盘都可以对课程进行小改进，小改进的部分又成为下次上课刻意注意的点。当一门课讲了十多遍又复盘改进了十多次之后，老师需要坐下来重新审视课程逻辑的自洽性，探讨重构的可能。因为目标、内容、过程、形式、结构五个要素是相互影响的，很多时候会牵一发而动全身，局部改进会影响整体的自洽性，因此，还需要以全局视角重新审视整个课程。可以通过不断地自我提问来检验这五个要素之间的逻辑自洽性：

（1）从目标延展出来的内容是否足以达成目标？内容蔓延会不会淹没目标？

（2）目标和表现形式是否一致？形式会不会喧宾夺主地偏离目标？

（3）目标实现的逻辑是否通畅？逻辑是不是有效支撑目标的实现？

（4）目标能否在教学过程中渐次实现？过程进展是否逼近目标？

（5）内容和表现形式是否一致？形式是否"寓理于情"让学员恰能品味到内容？

（6）内容是否在逻辑框架范围内，内容蔓延是否淹没逻辑，逻辑是否扼杀内容？

（7）内容是否冲击过程编排，过程编排是否影响学员对内容的吸收？

（8）形式的展示能否逐渐显现出逻辑，逻辑促进还是束缚形式的演绎？

（9）形式的展示是否与整个课程过程节奏相合拍？过程的编排是否形式多样？

（10）逻辑是否在一个师生互动的过程中得以体现，过程是否按照逻辑顺序展开？

面对讲了很多遍的课，我经常会心狠地给自己的潜意识下一个指令：是否能推倒重来，是否能把时间压缩一半，效果提升一倍？我用这个指令逼着自己回顾最近上过的几十次课堂场景，能否让那些高光时刻由闪现变成频现？某部分内容换一个角度讲会不会更好？还有没有更好的组织结构？用这些问题牵引自己对课程进行重构。

## ■ 把精品课程转化为专著

有很多人向我请教如何快速写书。我的观点是不要为写书而写书，要先开发课程，把讲了很多遍的课程转化为书。西格蒙德·弗洛伊德的《梦的解析》就是由他的演讲稿整理来的，亚当·斯密的《国富论》也是基于他多年讲课的讲稿形成，冯友兰的《中国哲学史》是从他多年在国外授课的英文稿翻译而来的，尼克拉斯·格里高利·昆曼的《经济学》也是他多年讲课的讲稿，戴维·迈尔斯的《心理学》已经再版十三次之多，每一两年迈尔斯都会根据他的教学实践升级一个版本。

把课程打磨成精品的捷径就是不断地上课，从实践中提高，从课堂中挖掘学生真正感兴趣的话题，并汲取鲜活的教学素材，与时俱进，最终打磨成传世精品。所以，要写一本经典的著作，我认为最好的途径是先开发一门课程，然后持续优化地讲上十年八年再谈写经典著作。

写书一定是功夫用在平时的事情。我写的所有书，包括这一本都源自我讲过很多遍的课程，因为经常讲，所以写成文字就非常顺畅，起

笔就把人带到课堂的情境中，内容就哗啦啦地流淌出来，每天写六千到一万字不成问题。绝对不要为写书而写书，东拼西凑出不了经典著作，闭门造车地搜肠刮肚也出不了经典著作。

## 课程设计的五个"什么"

我说过："不以学生改变为目的的培训都是要流氓"。课程设计的底层逻辑其实很简单，那就是首先要定义学生具备什么样的能力水平，再定义通过你的教学让他们变成什么样的能力水平，然后思考用什么样的教学活动、工艺流程让这个改变发生。一旦理解了教学是为了学生而改变的宗旨，课程就不再是知识的堆砌和形式的拼凑。无论是什么课程，老师如果能牢牢地把握五个"什么"，都不会偏离目标太远。

### ■ 第一，清楚要什么

很多时候，课程的目标并不是很清楚。表面看目标挺清楚，但经不起推敲。比如，将目标描述为：培养训练有素的后备干部，培养招之即来、来之能战、战之必胜的业务骨干……这样对目标的定义等同于没有，因为太笼统，颗粒度太大。如果不能结构化地定义你想要的效果，怎么做都有问题。因为目标不明确，过程中遇到挑战自然就会绕着走。当你觉得这样做也可以，那样做也不错时，可能就是你不知道到底要什么的时候。

所以，课程设计首先要跟业务部门和相关领导清楚地定义目标是什么。要把希望学生发生的改变描述成表现性目标，也就是学生学习后能有什么外在的、可显现的行为表现。当你不知道怎么办的时候，八成是你不知道要什么的时候。反过来，不断以终为始地定义自己要什么，怎么办的策略就会冒出来。以"要什么"为评价标准，也容易在两种不确定的策略中做出选择。

### ■ 第二：清楚要干什么

具体课程中的"干什么"有很多选择，比如线上与线下结合，学院派与实战派结合，面授与辅导结合等，各种花里胡哨的组合，各种看上去热热闹闹的形式。倘若真以学生的有效改变为目标，我看没有一个"干什么"可以随便花里胡哨、随便热热闹闹的，因为一切"干什么"都要服务于"要什么"。不知道自己要什么，丢掉"学生有效改变"这一宗旨，似乎可以随便干，但你会沉溺于各种花哨中，忘记自己为什么出发。

倘若老师真以学生有效改变为目标，就要拷问自己每一个"干什么"的最终效果，即"要什么"有何贡献。现代农业已经非常先进，养殖业追求一斤饲料能够转换成几两猪肉，种植业追求一吨水的浇灌能够生长出几斤黄瓜。我想，课堂上也应该追求，即一个小时的培训能够使学生形成多少知识的吸收和转化，而吸收和转化的源头首先在于在课堂上老师能抓住学生多少的注意力。

### ■ 第三：为什么这么干

除了上述的"要什么"决定"干什么"，专业也是决定干什么的重要因素。为什么这么干？不这么干行不行？为什么非得线上？为什么非得线下？为什么非得领导参与？为什么非得用学院教授？要有效回答任何一个"为什么"，而这些回答都离不开脑科学、教育学、心理学这些专业领域的支撑。唯有专业才能够帮助你评估为什么这么干更有效。

"干什么"不是凭感觉的，也不是由着性子的。当你遇到两种干法冲突的时候，决策的依据是什么？是专业，是布鲁姆的教学目标分类体系。这么干课程效果能够达到应用级，那么干只能达到理解级，当然要选择应用级的效果。课程设计不能仅凭朴素经验和一腔热情，必须有专业的支撑。唯有专业才能让情怀落地，没有专业的情怀只能是吹牛皮。

教学是一个门槛极低，台阶极高的领域，照理说能说话就能当老师，然而只有深入到脑科学、教育学、心理学，深谙学习背后的机制，才能在课堂上恰到好处地降低学生的认知负荷，提高体验比例，让学生深度参与，产生认知、情感、行为三种能量合一的改变。

只有爱心和专业形成合力，才能实现"课堂不再枯燥，学习更加高效"的梦想。实战需要敢于直面现实问题，只有用起来的知识才会产生价值，否则再好的知识都只是茶余饭后的谈资；只有经过实践检验过的知识才值得被人教授，才有机会在实践的基础上得到升华。

## ■ 第四，学生凭什么参与

学生凭什么满怀热情地参与你的课程？你凭什么让他们相信你的课程能够使他们产生改变？讲师凭什么让领导相信他们的改变能带来绩效的改变？一切改变都不会凭空发生。所有的课程都要设计学生参与学习的动力系统。比如，一开始就要回答WIIFM的问题。从这个意义上讲，课程设计跟产品设计是一样的，要设计出课程的亮点，吸引学生参与。还要设计课程过程中的持续动力，让学生像玩游戏一样有欲罢不能的感觉，过完一关还想再来一关，这就是课程设计中的动力设计。

如果缺乏课程的动力设计，就只剩下歇斯底里地呐喊，哭着喊着求着学生参加你的课程。每每看到培训师求着人家来学习的时候，我就哀叹：这种做法实在有辱斯文，对不起一肚子的学问。明明给业务赋能，明明帮员工提升能力，却没人愿意学，原因在哪里？不要问学生为什么不参加培训，要问我们为什么没有能够激发别人兴趣的课程设计。你不能问食客为什么不来吃，你要问厨师为什么没有炒出色香味俱全的好菜。

## ■ 第五：你自己学到了什么

作为课程设计的老师，你从此次课程设计中学到了什么？任何一个课程设计都是花钱的，这个钱固然是为了学生改变，但作为课程设计专家，花出去的钱也是你学习课程设计能力的学费。一个成功的学习项目，一定是融合组织战略、业务实际问题、培训教育专业、教学设计能力、项目管理能力、项目运营能力、团队动能等诸多元素于一体的有机整合。

课程设计团队一定要反思，哪些经验是被验证有效，值得后续复制的？哪些钱是花得有点冤枉以后要避免的？我从中学到了什么？还有什么遗憾？下回再做类似的项目能不能够做得更好，在哪些方面提高？实际上，每一个项目都倾注了设计人员的一段心血，假如你真的投入了自己的智慧与激情，给人讲起来一定是热血沸腾的。

最后，我再总结一下课程设计的十六字方略。

第一，将心注入。课程设计的初心真的是为了学生的有效改变，发自内心地用专业知识帮助学生快速成长。

第二，多赢设计。兼顾学生、业务、管理层等多个干系人的诉求，

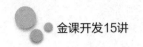

吸引他们的参与。

第三，专业主义。持续崇尚专业，用专业得出成效，用专业拷问自己的设计。

第四，双环赋能。让学生实现从知到行的改变闭环，同时作为设计者的你，也要通过课程设计来学习，形成从具体工作到理论升华的闭环。学生从知到行自上而下地改变，老师从实践到理论自下而上地升华提炼。师生都要从中学习。

# 写在最后

　　我认为，课程开发没有捷径可走。本书的宗旨是把课程开发中必须懂得的知识和必须坚守的原则介绍给大家，如课程的目标需是表现性的，不同的内容教学策略是不同的，形式和内容的互促与互补关系，结构化策略等，这些最基本的专业知识是保障我们不走偏的准绳。同时，我们必须清醒地知道，课程开发是一项实践性极强的工作，并非具备了这些专业知识就能开发出好的课程。理论指导实践，实践反过来发展理论，唯有实践才能发挥理论的价值，也唯有实践才能发现理论的不足，把实践中遇到的问题作为课题研究，才能激励大家持续钻研专业知识，甚至持续发展理论。

　　我衷心祝愿大家在本书的指引下，能够逐步成为一个专业的、懂得教学设计原理的、能够在实践中持续迭代自己课程的好老师，这样的老师非常稀缺。如果你能深入实践这套课程开发的方法论，持续迭代你的课程，不管你在哪个领域你都不会枯竭，而且会越讲越富有，最终成为这个领域的专家。老师要做教学相长的老师。教学相长只有在互动性很强的课堂上才成为可能。如果一个老师在课堂上从头到尾都只是单向灌

输，从头到尾都行驶在自己预设的轨道上，那么他的授课过程完全没有弹性的创新空间，怎么可能会教学相长。作为老师，要做到乔布斯的名言"Stay hungry，Stay foolish"，永远保持一种有迭代空间的、积极的、谦虚的、进取的状态，你的学习没有止境，你的课程就没有止境。一定要视课堂为老师自己学习成长的场所，一定要想方设法在课堂上有所收获，不要把上课变成换一个地方背书，然后应付差事，这样的人生没有意义。

# 参考文献

［1］田俊国.精品课程是怎样炼成的[M].北京：电子工业出版社，2014.

［2］兰.罗伯逊.问题解决心理学[M].张奇，译.北京：中国轻工业出版社，2004.

［3］盛群力.21世纪教育目标新分类[M].浙江：浙江教育出版社，2008.

［4］罗伯特·M·加涅.教学设计原理[M].5版.王小明，庞维国，陈保华，汪亚利，译.上海：华东师范大学出版社，2018.

［5］罗伯特·凯根，丽莎·拉斯考·拉海.变革为何这样难[M].韩波，译.北京：中国人民大学出版社，2010.

［6］安德斯·艾利克森，罗伯特·普尔.刻意练习：如何从新手到大师[M].王正林，译.北京：机械工业出版社，2021.

［7］提摩西·加尔韦.身心合一的奇迹力量[M].于娟娟，译.北京：华夏出版社，2013.

［8］巴塞尔·范德考克.身体从未忘记[M].李智，译.北京：机械工业出

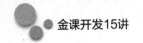

版社，2021.

［9］ 泰勒·本-沙哈尔. 幸福的方法[M]. 汪冰，刘骏杰，译. 北京：中信出版社，2013.

［10］ 田俊国. 讲法从说教到赋能[M]. 北京：电子工业出版社，2018.

［11］ 赖安·戈特弗雷森. 心态[M]. 李恩宁，译. 北京：国际文化出版公司，2021.